# 轉心向內，認出本覺

原典作者：普賢如來

釋論作者：慈怙 廣定大司徒仁波切

藏譯中：堪布羅卓丹傑

# 目次

第一部

## ▌入門篇　轉心向內　佛教的見地與修持

第三部

# 溯源篇　認出本覺　〈普賢如來願文〉釋論

# 「阿底瑜伽」口訣教授與實修引導

這部珍貴的教法，是大金剛持、穩固實修傳承命脈之柱——第十二世慈尊廣定[1]大司徒巴‧企美東由竹尊者的開示。

大司徒仁波切曾前往世界五大洲，為各地不同的民族、具有不同文化習慣的眾生，以符合其心意的善巧方式，指引取捨正道之法，引領他們得到今生和來世的幸福。仁波切是新舊密續大海的灌頂泉源、教授的鎖鑰、口傳的後盾，仁波切的開示就像是普潤大地的甘霖，沒有偏私的滋潤、灌溉一切有情眾生的心田。

本書的內容，即是應尊貴的詠給明就仁波切主持的「國際德噶學院」所祈請，於2014年3月14至20日，為期一個星期，於賢劫千佛成道的聖地——印度菩提迦耶德噶寺（「德噶」為

---

1 仁波切名號「廣定」一詞為從英文音譯而來，文獻上原文為「灌頂」，今從眾譯為「廣定」。

音譯，全名意譯：聚藏持明空行增勝林寺，gter sgar rig 'dzin mkha' spyod dar rgyas gling）所給予的開示整理。

隨著時代的進步，更多人開始對於佛教，尤其是藏傳佛教有興趣。仁波切深知這個時候，如果大家對於佛教的思想見解、修持實踐和行為方式上，缺乏正知正見的話，就可能偏離真正佛教的修行。因此很完整的講解佛教的「根道果」的理論：「根」，也就是思想的核心；「道」，是修持的方法；「果」，就是最終證得的「果」位。同時詳細地講解三藏、四續的要義和顯密的精華。

同時，仁波切提醒大眾，佛教的一切宗派，都是利益眾生的善巧方便法，因此都要予以尊重，具備淨觀。同時強調成為一個善良的人，是學佛的基本條件，因此要將自宗自派的教言，切實於日常生活當中實踐，尤其一切行事都要注重因果，做到止惡行善。

尤其第三部分，是對於出自北巖藏《普賢密義穿透教示續》（kun bzang dgongs pa zang thal gyi rgyud）的〈普賢如來願文〉所作的開示，仁波切以傳承祖師口訣為輔，對於願文當中「本淨大圓滿之根道果」的甚深口訣，不僅給予詳細的逐字教學，更帶領弟子一起實修。閱讀這篇開示，不僅能夠了解佛教的見修行，而且對於最殊勝的乘法——阿底瑜伽大圓滿法門，會有全面的了解。

這篇願文的開示當中，將主頌、解釋和科判三者並列。為了方便讀者閱讀，主頌以其他字體標明。

感謝所有參與此書編校的全體人員，尤其感謝八蚌智慧林高級佛學院的阿闍黎耶喜嘎桑和汪札二人的細心校對和修潤。由於個人在學識和經驗上的不足，加上時間緊迫，此書一定還有許多需要改進之處，希望有識之士能夠予以包容和指正。

最後，希望以此出版之善根，迴向全體佛教得以興盛，長久住世；迴向世界上的疾病、戰爭、災荒等等一切惡緣困苦盡皆平息，圓劫時分的四種善德得以顯揚。尤其迴向永遠的依怙主——慈尊金剛持廣定大司徒巴尊者，長久住世，一切心想，皆能無礙圓滿成就。祈願吾等能夠永遠不離慈尊上師的大悲眷顧。

慈仁巴滇合十恭書[2]
於 2016 年 7 月 15 日

---

2 「關於本書」作者為藏文版主編：堪布慈仁巴滇。

# 上師金剛持 大司徒巴尊者

作者大司徒巴・企美貝瑪東由竹巴尊者（大司徒仁波切），在
《大密金剛續》中，授記他為名稱當中具有「蓮花」（藏音「貝
瑪」）之第四世大司徒巴。仁波切於藏曆第十六個甲子的木馬
年（1954年），誕生於東藏多康地區的德格白玉。年幼時由第
十六世法王噶瑪巴讓炯日佩多傑認證並賜名，之後於八蚌釋
教法輪寺（藏音「圖滇確闊林」）陞座。尊貴的觀音尊者為其剔
除周羅髮[1]並慈悲賜予祝禱。

## 第十六世法王噶瑪巴座前，法子上首

雪域藏地動盪的時候，年幼的仁波切在其上師和少數人的陪
同下，途經衛藏各地、楚布寺，再經由不丹，後於1959年抵
達印度。1966年13歲時，在錫金隆德[2]噶瑪巴駐錫地「解行法

---

1　周羅髮：《佛光大辭典》：「指出家剃髮之際，保留於頭頂之少許頭髮。又作周
　　羅。意譯髻、小髻、頂髻、頂髮。」
2　「隆德」是地名，為錫金當地絨巴族或雷布查人語。

輪林寺」（些竹碓闊林寺，bshad sgrub chos 'khor gling，後來法友依地名簡稱「隆德寺」），從第十六世法王噶瑪巴領受沙彌戒，之後開始九年多沒有間斷地聞思修持，學識、戒德與實修臻至圓滿。二十歲時，從第十六世法王噶瑪巴領受比丘具足戒，從此成為法子之上首，被賦予決定義之傳承重任，師徒心意合一。

仁波切曾親近過眾多上師：第十四世觀音尊者、前一世頂果欽哲法王、宗薩欽哲碓吉羅卓、前一世桑傑年巴仁波切、轉世桑傑年巴‧巴滇讓炯欽列、卡魯仁波切‧噶瑪讓炯坤洽、日巴瑟伽仁波切、瓊波賈敦仁波切、直貢堪布‧昆秋丹增、竹旺澤日喇嘛、祖谷烏金仁波切、瓦惹堪布克珠、紐修堪仁波切等高僧大德，領受無量續典、教言和口傳，儼然如同一個富饒的心意正法寶藏。

## 全球弘法，啟建海外駐錫地

1977年，仁波切在北印度喜馬偕爾邦（Himachal Pradesh）的甘格縣（Kangra district），啟建海外駐錫地——八蚌智慧尊勝林寺（藏音「八蚌些饒林」，dpal spungs shes rab rnam par rgyal ba'i gling，以下簡稱「八蚌智慧林寺」）。寺院以弘揚馬爾巴傳承續部為宗，佐以傳揚無數新舊續典與伏藏法門之灌頂、口傳、教授，同時，大力推動顯密教法和一切明處學科之教育與實踐應用。寺院的興建，不僅堅定地守護了佛陀珍貴的教

法，更為無量眾生開啟了學習正法的大門。

1980年始，慈尊大司徒巴前往世界各地弘法。仁波切善知眾生不同的需求，以善巧方便舉辦各種大型法會等活動，接引感性的具信弟子親近佛法；而對於知性的知識分子，同時為了促進各大宗教與不同民族的和諧與對話，特別建立彌勒學院（byams pa'i slob tshogs），階段性地推廣佛陀的教育。

仁波切對於寺院、僧團的愛護更是不遺餘力，不僅親力親為的護持，也大力呼籲各界人士，一起護持藏地上中下各地，以祖寺八蚌釋教法輪寺為主的，無分教派各地寺院的興建和恢復或重建的工作。直到今日都沒有停歇過。

## 圓滿認證此世法王噶瑪巴，並供養教法

仁波切一生積極推動各宗教、派別間的交流，和世界各民族與文化間的融合。1983年至1990年的八年間，仁波切與世界各地的科學家、工程師、宗教家等各界人士會面，就生命、自然，尤其就世界和平、環境保護、宗教和諧、種族融合的看法和實際方法上，進行廣泛的討論。仁波切發起名為「積極的和平，一個世界，共同的人性」的全球性活動，鼓勵我們在共同面對天災、貧窮等等挑戰的時候，能夠無分你我。

尤其在依據了[第五世]法王噶瑪巴德新謝巴的金剛授記、第

十六世法王噶瑪巴讓炯日佩多傑的預言信，和第十四世觀音尊者的慧見，仁波切克服一切困難，最終毫無錯謬地、不可思議地圓滿了第十六世法王噶瑪巴讓炯日佩多傑的轉世認證。仁波切為第十七世法王噶瑪巴剃除周羅髮，並於楚布寺的無畏獅子寶座上，為其舉辦陞座典禮。2000年，第十七世法王噶瑪巴蒞臨印度，仁波切在生活起居各方面竭力承侍供養，佛法上更是將其一生所學，噶舉金鬘甚深的口訣──了義密意之教，全數供養給法王噶瑪巴。

## 弘傳噶舉傳承的殊勝教法

仁波切曾於藏地的八蚌釋教法輪寺中，為各教派祖古近百人，僧眾超過三千人，傳授《五寶藏》之《口訣藏》的灌頂與口傳，傳授比丘、沙彌戒和各類殊勝教法。在印度的八蚌智慧林寺，仁波切傳授馬爾巴大譯師的「十三續典」為主的無量新舊密續、伏藏法門和「一知全解」。尤其在2006-2008連續三年間，以大日如來之化身──蔣貢康楚仁波切、怙主桑傑年巴仁波切、詠給明就仁波切為主的各寺院堪布、祖古、喇嘛、僧眾，和海內外藏地、印度、尼泊爾、錫金、不丹各地上萬信眾，仁波切為大眾傳授雪域藏地蔣貢康楚羅卓泰耶的《五鉅寶藏》（mdzod chen rnam lnga）的灌頂、口傳與教授，這是印度17位大班智達與大成就者之教言總集，暨雪域藏地18部教傳之所有珍貴法門合集。

2009年，仁波切傳授全部「香巴金法」（shangs pa'i gser chos）的灌頂、口傳與口訣。尤其以近四個月期間，為海內外四百多位喇嘛、祖古、堪布、阿闍黎與僧伽大眾，親自指導能夠直指法身實相之大手印法的前行、正行與結行的甚深口訣。同一時期，還針對來自於東西方的眾多學員們，講解《大手印了義海》。期間還針對弟子的需求，不時給予灌頂、口傳與口訣教授。仁波切一生致力推動佛法教育，如今噶舉的殊勝傳承——以融合噶當、大手印兩大匯流之殊勝傳規，得以扎實的延續至今，實是仁波切的恩德。

## 嚴謹自持，實修閉關不間斷

仁波切對於自身的修持，要求更是嚴苛，一直以來沒有間斷地進行本尊二次第等等實修閉關。仁波切不可思議的修證力量，而令佛陀教法得以恢復、開展與弘揚，其殊勝的佛行事業任運而成，法輪常轉從未停歇。仁波切的存在，即是證得無死之阿闍黎畢瑪彌札（無垢友尊者），和圓滿成就長壽自性之蓮花生大士的真實再現。[3]

3　「作者簡介」撰文者為藏文版主編：堪布慈仁巴滇。

# 詠給明就與德噶寺

這次課程的主辦單位是明就仁波切國際德噶學院，受到他們的邀請，我很榮幸來到這裡給予七天的課程和灌頂。前面三天，他們希望我為初學者介紹佛教的一些基本知識，之後的三天是講解內容較為深入的〈普賢如來願文〉。最後一天則會給予金剛薩埵灌頂。

首先，我想介紹一下德噶和詠給明就仁波切的歷史。各位都是德噶的學員，對於這些歷史應該不陌生，但是可能知道得並不是很詳細、清楚，尤其是新來的學員，可能根本沒有聽過。為什麼這麼說呢？因為藏族文化中沒有自我介紹的習慣，甚至會覺得自我介紹很不好意思，所以我想明就仁波切也應該沒有做過什麼自我介紹。

接下來我會花一點時間，簡單的介紹一下德噶和詠給明就仁波切的歷史，否則大家都說自己是國際德噶的學員，卻又說

不清楚這兩者來歷的話，就有點說不過去了。

## 認識詠給明就多傑

### 大掘藏師詠給明就

第一世詠給明就多傑，是蓮花生大士授記的一位掘藏師。掘藏師是什麼意思呢？相傳蓮花生大士為了利益後世的眾生，將很多重要的聖物和正法埋藏在雪山、湖中或山洞等等地方，同時授記未來將由哪位掘藏師取出。掘藏師很多，著名的有108位，而他們全部都是蓮花生大士身、口、意的化身。詠給明就多傑就取出了很多伏藏，其中名為「詠給三卷」（yongs dge pod gsum）的三大伏藏最為出名。這三卷分別為：《長壽儀軌悲智雙運》（tshe sgrub thabs shes kha sbyor）、《寂忿貝瑪班札》（zhi khro padma badzra）、《蓮師忿怒金剛》（ gu ru rdo rje gro lod）。

### 為傳承求學智慧林

這一世的詠給明就仁波切，不用我多做介紹，大家應該都很熟悉。他年紀很小的時候就到了八蚌智慧林寺，當時寺院的規模還不大。是什麼因緣促使他來到寺院呢？主要是因為他的父親，也就是祖古烏金仁波切決定讓他來到智慧林學習的。為什麼他的父親會有這樣的決定呢？這是因為歷史傳承的因

緣。這幾天的課程，主要是針對初學者，而初學者首先需要知道的，就是歷史傳承的重要性。

在佛教當中，尤其在密咒金剛乘當中，歷史傳承是非常受到重視的。沒有傳承的法門，無法帶來利益，而任何恣意的、沒有傳承的佛行事業，我們是絕對不會去做的。說法者本身必須具備傳承，意思就是，如果你沒有上師，你就無法成為上師。傳承對於個人的修行也很重要，事實上在任何佛法相關的事業上，傳承都至關重要。「祖古」這樣的轉世制度，就是傳承的延續，這裡我們講到詠給明就仁波切，他之所以來到智慧林寺，就是因為延續過去歷代明就仁波切的傳統。而這就是所有祖古們的責任。

## 德噶寺溯源

### 德日草原初建小帳寺

接著講一下寺院名稱「德噶」（gter sgar）的意思。「德」字本指伏藏，此處是指掘藏師「德敦」（藏音「德敦」〔gter ston〕），由於明就仁波切是寺院的住持，而他本身是一位掘藏師，所以寺名就有「德」這個字。「噶」是指營區、暫時駐留的地方。過去藏地的牧民沒有房子，而是搭建帳篷，隨著季節而遷徙。牧區寺院也是由黑犛牛帳篷搭建而成，僧眾在當中進行聞思和實修，舉辦法會活動。這樣的寺院也被稱為「帳寺」（gter sgar）、「喇嘛營」（bla ma'i sgar）。當時詠給明就多傑到了康區德格的南部，五個外牧聚落之一的德日草原，在那裡建立了帳寺，「德噶」的名稱也因此而來。

另外，第四世法王噶瑪巴若佩多傑時期建立了「噶瑪嘎千」（噶瑪巴大營），當時大營當中，廣大僧俗有上萬人之多，大營會在藏地的不同的牧區草原上移動，四處廣弘佛法。所以從規模上來說，相較於「嘎千」廣大僧俗二眾的大營，德噶的帳篷是小很多的。另外，當時法王噶瑪巴在大營之外，其實已經於藏地各處建有上、中、下三座祖寺和其他大小寺院，然而詠給明就仁波切當時就只有德噶這麼一個小營帳的寺院而已。所以雖然都是營帳，但性質上也是有很大不同的。

## 從小營帳變成大寺院

在［第八世］司徒班欽確吉炯內（si tu paṇ chen chos kyi 'byung gnas）的時候，詠給明就仁波切開始建了一間實體建築的小佛堂，之後到了［十二世］司徒貝瑪寧傑的時候，慢慢擴建為更有規模的寺院，這時雖然已經不再是營帳的形式，但還是沿用了「噶」的名稱。現在這所寺院還在，而且寺院當中的僧眾也持續的在聞思、實修佛法。

以上簡單介紹了大伏藏師詠給明就多傑和德噶寺的歷史，希望這樣的介紹能對各位有些幫助。

## 「我只是一匹馬，卻要馱大象馱的重物」

我時常覺得，對於一般人來說，要如何決定或找到人生的方向，是一件很苦惱的事情，但是對於一個轉世祖古來說，就比較沒有這樣的煩惱，因為他今生要做的事情，就是延續和傳承過去世的事業。但是另一方面來說，要承擔起這樣的重責大任，的確是一件非常辛苦的事情。

以我自己來說，過去歷代每一位轉世上師的佛行事業，都如日月一般的燦爛，我自己別說燦爛了，眼睛都模糊了，如果不戴眼鏡的話，我現在都看不清楚你們的臉了。因此，承擔過去祖師的佛行事業，這個擔子是非常沉重的，我只是一匹馬，但要馱負著大象才能夠承擔的重物，很多時候連站都站不起來。雖然是這麼的辛苦，但是我總是覺得非常榮幸，能夠有這樣的機會學習承擔，我很感恩。因此，我會盡己所能地為佛教、為眾生付出自己的一切。

## 仁波切聽了，露出一種「我的天啊」的表情

現在這座位於菩提迦耶的德噶寺，是明就仁波切建立的。這座寺院的興建也是有歷史因緣的。

一開始是我跟明就仁波切提議在此興建一座寺院，並且建議沿用過去歷史上的「德噶」寺名。雖然我自己能力有限，但我

仍告訴他不用擔心建寺的啟動資金，一定會協助他建寺。

還記得當時仁波切聽到之後，雖然沒有說出口，但他露出一種「我的天啊」的表情。這是很正常的，因為大家都知道要在菩提迦耶如此炎熱，而且生活條件非常貧乏的地區興建寺院，絕對是非常辛苦的。現在是冬天，大家可能感覺不到，再過一兩個月，待在這裡就會跟待在廚房的爐火旁一樣炎熱，再往後，當夏天到來，那就可能真的像待在烤爐裡一樣熱了。

所以，這所寺院主要就是在明就仁波切的願力和努力之下，圓滿落成。看到寺院能夠利益眾生，弘揚佛教，感到很歡喜。尤其相信仁波切自己的佛行事業現在、未來一定都會很圓滿。

這一切，都是具有傳承歷史的因緣，現在，仁波切追隨過去馬爾巴、密勒日巴、岡波巴等等實修傳承祖師的腳步，入山[1]實修去了，而他就是從德噶寺大殿的這扇大門離開的。以上就是對於德噶弟子們介紹了德噶，換句話說，就是對你們介紹了你們自己。

---

1　編註：入山，指明就仁波切從2011-2015年四年半的山野行腳閉關。

## 特別感謝：堪千創古仁波切的譯師[2]

在這裡我要特別用英文介紹一下這次的英文翻譯[3]，他是一位比丘，而且精通藏文。精通藏文的證明之一就是，他是堪千創古仁波切的口譯。堪千創古仁波切，是噶瑪噶舉傳承當中最為尊貴的長老之一，仁波切曾經得到尊貴的第十六世法王噶瑪巴讓炯日佩多傑的冊封，成為當時噶瑪噶舉海外最重要的駐錫地——錫金隆德解行法輪林寺的住持。因此，這位英文翻譯可以成為這樣一位堪千的翻譯，可以知道他的藏文程度是非常好的。同時他也是第十七世法王噶瑪巴的翻譯。

他本來是有事情的，原本他今天應該留在瓦拉納西創古寺，為創古仁波切的課程進行口譯，但是創古仁波切跟他說：「你不用留在這裡，你去為大司徒仁波切翻譯。」而那個大司徒仁波切，指的就是我本人（大眾笑）。所以今天藉這個機會，我想特別感謝創古仁波切，他是如此的慷慨和慈悲，同時也要感謝這位英文翻譯。

這次他會全程協助翻譯。其實頭三天的課程內容，因為不是講解論典或願文，我的英文還夠用，但是後面的兩個課程，〈普賢如來願文〉和〈恆河大手印〉，就一定需要英文翻譯了。

---

2　譯註：此段仁波切以英文開示，藏文書中未收錄，今依英文錄音補入，其他「英文開示，藏文版未收錄」的相同情況，亦同樣依英文錄音補入，以呈現仁波切現場開示全貌。謹此說明補譯原則，此段之後不一一標示。

3　此處指堪布大衛噶瑪確佩(Khenpo David Karma Choephel)。

這兩部重要的願文,是我的學生特別請我上課的,當然大家都是我的學生,因為各位都是佛教徒,而我的身分就是佛教的上師。

## 想要離苦得樂,即是修行成佛的開端

講到這一點,其實想想,我在18個月大的時候,就當上師了(大眾笑)。那麼小的年紀就當上師,他能教些什麼呀(仁波切笑)?嗯,他能夠教一個東西,一個非常重要的東西,是什麼呢?就是當他難過的時候,他會哭;當他開心的時候,他會笑(大眾笑)。他的教導,就是他自然流露出的開心和難過,而這就是我們一切眾生共通的本質,同時那一念想要離苦得樂的渴望,更是修行成佛的一個重要開端。

另外,有些學員認識我比較久,可能覺得我應該可以自己翻譯成英文,也就是用英文直接講課,不需要請人口譯。但是我想說明的是,這兩部願文非常的殊勝,它們的翻譯必須是完美的,而我的英文是完全不夠用的。而且我的英文文法很糟糕,頂多能夠分辨dog和god的不同而已。這裡沒有完全冒犯的意思,我非常喜歡狗,狗是最忠心的朋友,當我聽到說某某人跟狗一樣的時候,我會覺得那是一個值得信任的人。我很感恩自己的一生當中,認識不少像是狗一樣忠心的好朋友,我珍惜他們甚至勝過於自己的性命。

第一部　入門篇

# 轉心向內

## 佛教的見地與修持

# 你是「內道」，
# 還是「外道」？

輪迴中的一切苦樂，皆由往昔異熟果報所生；
自己經驗到的一切，皆是由心所現，
除心之外，再無外境存在。

這次課程為期三天，在前面的幾堂課當中，我會先介紹佛教
徒的思想和修持是什麼。在座的各位大多都已經是佛教徒，
可能覺得這個主題有點淺，甚至有些多餘，但是仔細想想，
如果深究佛教的思想和修持，其實內容是非常複雜和深奧的。

## 總說內道、佛教徒

### 名詞解釋

如果要對佛教的思想和修持有一個很好的了解，我覺得必須
從「內道」[1] 與「佛教徒」這幾個名詞開始著手去了解。

---

1　內道，藏文稱佛弟子為「囊巴」，本意即「內道」。

首先「佛教徒」比較好理解，「佛」指的就是佛陀，他是印度的一個王子，名叫悉達多，在菩提樹下成道之後，就被稱為釋迦牟尼佛，日後追隨他的人，就被稱為佛教徒。

「內道」這個詞，意思也不難理解，但卻是極為重要的一個詞。這裡的「內」說明了「輪迴當中的苦樂，與解脫涅槃等等的一切萬法，都是由『內』在的心所變現，任何外境都非實存」。具備這種思想的人，就是內道、佛教徒。

## 內道：除了心，外境並不真實存在

我們在輪迴當中，會經驗到各種的煩惱和痛苦，如果缺少了智慧的觀察，我們會以為這一切都是真實存在的。然而，事實並非如此，痛苦煩惱只是自己過去惡業感得的異熟果報的顯相而已。同樣，我們在輪迴當中也會經驗到一些快樂，如果缺少慧觀，我們也會覺得這些快樂是真實的，但其實這些快樂的顯相只是自己的善業帶來的結果。

快樂和痛苦的關係，就像是身體和身體的影子一樣，是分不開的，因此輪迴當中沒有所謂的「無苦之樂」。而且這些快樂稍縱即逝，在消失的那一刻，痛苦馬上就會出現。

總之，如果一個人，能夠確切的認識到輪迴當中的一切苦樂經驗，純粹都是自作業的異熟果報的顯相而已，同時相信自

已經驗到的輪迴中的一切，像是住所、身體、財富、地位等等，全部都是由心所現，除了心之外，任何外境都不實際存在的話，這個人就是「內道」。

## 解脫成佛，也是「由心所現」

同樣的，解脫成佛也是心的顯相，是由內心的修證而得到的。但是很多人並不了解這個道理，誤以為解脫成佛是真實的。例如很多人都以為真的有所謂的佛、本尊真實存在，也以為自己真實存在，然後所謂的解脫成佛，就是向這些神佛祈請之後，得到賜予某種真實的加持，讓我們得以解脫成佛——這是缺乏智慧觀察的一種誤解。

其實，我們眾生的內心當中，本來就具有解脫、成佛的潛能，這被稱為「如來藏」，也稱為「勝義俱生智」。解脫成佛的意思是什麼？是指當我們透過修持而從業力、煩惱、習氣等等綑縛當中出離，使得本具的佛性得以彰顯的時候，這就是得到解脫，也稱為「得證不住輪涅二邊」的大菩提果位。換句話說，解脫成佛、成就菩提果位，都是在自心修持上的圓滿，佛果不是三寶、本尊或天神的恩賜，也不是龍族的惠予，只是心的顯現而已。如果了悟了這個道理，就是「內道」。

當然，口頭上我們還是會說自己在修某某本尊——有「所修」的本尊，也有「能修」的行者，而且也說透過本尊的修持能夠

得到成就等等。會這樣說的原因在於，藉由本尊的觀修，能夠清淨遮蔽自心如來藏的客塵垢染，解脫和遍知的果位就能顯露出來，然而很多人不明白這個道理，卻誤以為解脫是從外在獲得的。總之，解脫成佛是由心所現，有了這樣的思想的人，就是內道，就是佛教徒。

## 離苦得樂，是眾生天性

上面我們提到了眾生本具成佛的潛能「如來藏」，那麼一個問題就是：我們怎麼知道眾生的心續當中具有如來藏，也就是解脫成佛的種子呢？

這可以從我們人類自身上去觀察，無論是從過去的人類歷史故事，還是現在日常的生活經驗當中，會發現一個事實就是，我們這樣一種具有語言能力和智慧的物種，天生就具備了尋求快樂、避免痛苦的能力。

然而，不僅是人類具有這樣的天性，神明一樣想要離苦得樂，雖然我們可能不知道神明長什麼樣子，但是神話故事裡面寫得很清楚，神明跟我們人類一樣，想要離苦得樂。然後我們再觀察到動物，雖然站在人類的立場會說牠們不會說話，但無論如何，就算是一隻小昆蟲也不例外，牠們天生的、發自內心的都和我們人類一樣，想要離苦得樂。

# 眾生本具如來藏

舉了這麼多例子，我想說的是什麼呢？就是眾生心性本具如來藏。

從世俗諦的角度，也就是沒有經過智慧觀察的名言世俗層面來看，如來藏指的就是眾生「想要離苦得樂」這樣一個本能，這是從地獄一直到天界等等六道一切眾生，無一例外、天生都具有的一種潛能。眾生因為「離苦得樂」的欲求，造下各種善惡的業力，並且在善惡業力的牽引之下，經驗著六道輪迴當中的各種苦樂果報。

如果從勝義究竟的角度來看如來藏，它不僅超越痛苦，而且超越快樂。如來藏即是殊勝大樂，因為它從未受到苦樂、業果等等戲論的染污和束縛，它超越一切的苦樂。

以上就是對於「內道」的簡單解釋。總結來說就是：「輪迴和涅槃所攝的一切萬法、所包含的一切現象，都只是內心的投射和顯現」，這樣的觀念是身為一個佛教徒應該具備的。如果缺乏這樣的認知，我們就有可能在思想上和行為上變得極端。這是什麼意思呢？就是我們會把符合自己定義的人，例如膚色跟我一樣，或者觀念和我相近的人，歸類為佛教徒、圈內人，然後把這之外的人，全部都說成是外道——然而，帶有這樣偏見的人，自己早就已經成為一個外道了。

# 佛一直住在心中，重點是「認出來」

我們一定要知道，佛一直都在眾生的心中，成佛的意思，是認識出自心的佛。從本質上來看，眾生和佛沒有任何的不同，差別只在於「迷」與「不迷」而已。同樣，就像上面提到的，如果不明白一切萬法都是自心的投射，還誤以為佛法僧三寶是在外面、以為成佛是在自心之外獲得某種嶄新的特殊能力或功德的話，自詡為內道徒的我們，其實就是一個傲慢的「外道佛教徒」而已。

這些「內道」是如何變成了一個「外道」的呢？就是因為心外求法的修行而變成的。這是什麼意思？舉例來說，當我們在向三寶祈請的時候，我們時常以為「釋迦牟尼是佛、我們只是凡夫」，以為自己和佛之間沒有任何的關聯性。其實我們應該要知道，自己和三寶具有一種本然的連結性存在，這個連結性就是佛性。

這也是密續當中一再強調的一個觀念，就是「自身佛壇城」，這是在說我們整個身體就是佛身和壇城，而且身體當中的明覺之心就是佛。因此可以說佛陀一直就住於自心當中，只是因為自己的修行還未圓滿，因此沒有能夠認識出來而已。

我們都對於釋迦牟尼佛充滿了景仰，然而他已經圓寂，我們現在只能透過佛像禮敬他、向他祈請。講到這裡，跟大家分

享一個我常遇到的情況：有不少人會來跟我說：「我能見到佛陀。」我聽到這樣的說法時，都會感到很困惑：「既然你都能見到佛陀了，那還來見我做什麼？你不好好跟佛求法、求加持？跑來這裡跟我這樣一個沒見過佛、只能見到佛像的人上課做什麼呢？這不是太傻了嗎？」這就跟藏族諺語所說：「為了讓一張乾硬的牛皮軟化，你不用身旁的湖水，卻用自己的口水去軟化它」一樣的荒謬。總之，或許他們說的是真的吧！但我實在覺得不太合理了。這是附帶提到的。

## 有信心的圓環，就會被大悲的鉤子鉤住

總之一般來說，我們現在誰都見不到佛陀本人了，但是因為佛陀的慈心悲願，當我們虔誠祈請的時候，就能和佛陀相應，佛陀的加持就能進入自心如來藏，這時就能生起慈心、悲心、菩提心。當我們的自心如來藏和佛陀的本智相應的時候，很多人會生起一種莫名的感動，體驗到平靜、快樂和清明的感受。有些比較感性的人，可能因此而流淚。我不是說自己不感性，但我不常哭，可能我的淚水都轉成鼻水去了吧（大眾笑）。

總之，很多人為什麼會感動流淚，可能是因為自己的信心，使自己得到了某種清淨的喜悅，這就被稱為加持。這是很自然發生的。就像藏族諺語所說：「當一個弟子具備了信心的圓環時，就能被上師的大悲鉤子鉤上。」現在大殿四周懸掛的唐

卡、前面供奉的佛像，這些佛像和聖物就是大悲的鉤子，它們存在的目的，就是在提醒我們諸佛菩薩的悲心一直都存在著，只要我們生起了信心與之相應，就能得到加持。

總之，我們應該時常帶著清淨的信心和恭敬心，向三寶禮拜、供養和祈請，這樣一定能夠得到加持。為什麼？因為自心的如來藏，和果位的佛陀法身，這兩者的相續是一樣的。加上諸佛菩薩的慈心悲願，是永遠不會捨棄任何一個眾生的。

第一章　你是「內道」，還是「外道」

# 第二章

# 信心與虔敬

端身正坐，合掌，虔誠發願：
「佛陀，我希望能夠和您一樣，成就圓滿佛果。
成佛之後，能夠利益一切如母眾生成佛。」
只要真誠的發願，定能得到加持。


## 總說信心虔敬與煩惱惡魔

信心和虔敬（mos gus）非常的重要，不僅是初學佛者必需具備的心態，也是祖古和堪布、喇嘛和僧眾、在家男女二眾等等所有學佛者都需要具備的心態。一個人如果缺少了發自內心的虔敬之心，他的心會變得非常頑劣，那麼就算佛陀在他面前示現神通，他也毫無感覺；經過一個身負重傷的人，他也視而不見。這樣的人，內心時常是充滿著煩惱的。

### 我執，是最大的魔王

佛教當中，時常將煩惱比喻為魔，例如佛陀成道之前在菩提

樹下，就有魔軍前來擾亂。一般來說，如果所謂的魔是真的、是一個外在的真實目標，那反而容易處理，因為我們可以合作尋找目標，然後聯手打擊對方。但事實並非如此，真正的惡魔不在外面，真正的惡魔就是我們內心的愚痴。

什麼是愚痴？愚痴就是本來沒有一個我，但是愚昧地執著有一個我真實存在。由於這樣的我執，進而生起煩惱，造作出各種有漏業。我執的惡魔喜歡說：「喔，那是我討厭的人，這是我喜歡的朋友；我的方法比較厲害，他的方法不如我；我的上師更好，他的弟子很差勁……等等」強烈的我執煩惱，讓我們活在一切想法、行為都是二分、對立的世界當中，我執真的是一切惡魔當中的大魔王。

## 以小執著對治大執念

講到這裡，有人可能會有一個疑問說：「『我在聽課』、『我是學生』、『我生起信心、虔敬心』等等，這些想法好像多少也都帶有一點我執，這樣正確嗎？」

的確，覺得「有一個我在聽課」、「我在學法」等等，這是一種小小的我執，從最終的結果上來看，任何執著都會造成障礙，所以最終這些執著都是需要斷除的。

但是，在階段性的修行上來說，現在這些小小的執著，例如

生起信心、虔敬、慈悲等等，這些都是必須具備的心態，藉由這些小小的執著，能夠幫助我們對治各種大的執著，也就是貪、嗔、痴等等各種現起的、強烈的煩惱。

## 佛弟子最重要的聖地：菩提迦耶

我們現在很難得來到了菩提迦耶，這裡就是當年悉達多太子成佛的聖地，而那棵成道的菩提樹，現在就在兩公里外的地方。當時佛陀端坐於菩提樹下，安穩地面對無量魔軍的侵擾，完全不為所動，事實上，魔軍用以攻打他的各種恐怖刀槍兵器，全部化為彩色的花雨，灑落在他的身上。他沒有像動畫中的功夫大師，站起身來和魔軍過招對打，他只是端身正坐，以甚深的禪定力量，降伏了一切。依據經典的記載，佛陀在隔日的清晨圓滿成佛。

對於我們佛教徒而言，沒有任何地方比菩提迦耶更為殊勝。當然，從勝義空性的角度來看，任何地方都是殊勝的，但我們還沒有那樣的境界和修為，我們還是凡夫、尤其在座很多是初學者，請一定要重視菩提迦耶這個聖地。

## 如何頂禮佛陀？

所以你們應該把握時間，早晚都去朝禮菩提樹、正覺大塔。最好可以一個人單獨前往，有時太多人一起反而容易散亂，

所以主辦單位也不用特意安排，否則到時候還要擔心團進團
出等問題，大家的心容易散亂。

總之，單獨來到大塔之後，帶著虔誠心、信心行三次的禮拜。
禮拜的時候，將身體——尤其是頭部——接觸到地面是很重
要的，因為菩提樹和大地是緊緊相連的，所以碰觸到大地的
時候，就像是碰觸到那棵神聖的菩提樹一樣。接著你端身正
坐、合掌，好好地從內心發願：「佛陀，我希望能夠跟您一樣
成就圓滿佛果。成佛之後，能夠利益一切如母眾生成佛。」只
要是真誠的發願，就一定會得到加持。接著站起身來，跟佛
陀致謝，然後離去。

雖然只是短短的坐立之間，你卻因為真誠的發願，已經成為
菩薩。當然我們無法跟悉達多太子的成佛相比，但是再次起
身之後，我們已經煥然一新。

寂天菩薩在《入菩薩行論》[第一品]中說道：

「若生菩提心，即刻名佛子。」(偈頌如石法師譯)

[意思是說：]「一個過去犯下很大罪業的人，在他發起菩提心
的當下，就能成為佛子、菩薩。」一念真誠的發願，能夠帶給
我們喜悅、幸福和清涼的感受，過去如果犯下很大的罪業，
當下都能得到清淨，而成為名符其實的一個菩薩。之後只要

沒有違犯根本墮罪，沒有壞失菩提心，發願的善功德就會不斷地增長，不久的將來，就一定能夠成就佛果。

上面提到的朝禮[佛陀]的功課，大家務必要做到，這樣才不算白來這次的課程。我很努力教課，各位也很認真聽聞，但是藉著聽課能夠獲得多少利益實在很難說，但是我可以保證的是，各位如果真誠的朝禮、發心和祈願的話，是一定有利益的。所以在任何時間、任何地方，尤其是在殊勝的聖地、所依之前，記得把握好機會，好好的發願祈請。

# 第三章

# 探究三寶真實意

「三寶」是什麼？三寶是一切善功德的根本，
其功德超越世間一切萬法，
任何人依止、親近了三寶，
都能得到利益，究竟成佛，經驗到無苦的妙樂。
稀有難得，且殊勝難以超越。

## 總說三寶

早上我們簡單講解了內道、佛教徒，還有信心和虔敬的意思。
下午這一堂課，要講解什麼是三寶。一般來說，我們都知道
什麼是三寶，但是有些剛接觸佛教的人可能還不是很清楚，
在此簡單說明一下。

首先「寶」（藏音「昆秋」）具有什麼意思？
一、稀有（藏音「昆」）：有不可思議和稀有難得的意思。
二、殊勝（藏音「秋」）：因為佛法僧三者超越世間的一切。

如果一個人過去沒有累積福德、淨除罪障，他將很難聽聞到三寶的名號，或者很難認識出什麼是三寶，更不用說能夠對於三寶生起信心，那是更加稀有難得的，這就是「稀有」（藏音「昆」）的意思。但是這裡要注意的是，藏音「昆」這個字，同時有「稀有」和「稀奇」兩種意思，雖然只有一字之差，但意思是不同的。在這裡形容三寶時是指「稀有難得」，而不是稀奇，例如兔子頭上長角、烏龜身上長毛等等情況，才是屬於稀奇古怪的情況。

接著來看藏音「秋」的意思。由於三寶是一切善功德的根本，而且其功德超越世間一切萬法，所以說是「殊勝」（藏音「秋」）。有些事物可能很稀有，但不一定很殊勝，例如連體嬰的孩子，雖然很稀有，但不能說是殊勝，因為這兩個孩子是很辛苦的。所以三寶的特點就是，任何人依止、親近了三寶都能得到利益，這裡的利益指的是究竟的成佛，也就是經驗到無苦的妙樂。所以佛法僧三寶不僅稀有難得，而且殊勝。

## 稀有殊勝之為寶

「稀有難得無垢故，具力世間莊嚴故，
殊勝之故不變故，是為稀有殊勝寶。」

這一段出自《寶性論》的偈文提到三寶的六種功德：

一、稀有：無福之人無法值遇，因此稀有難得。

二、離垢：沒有二障的垢染。

三、威力：具足調伏弟子的力量。

四、莊嚴：是一切善念的成因，所以是世間的莊嚴。

五、最勝：三寶超越世間法，因而更為殊勝。

六、不變：它們不是由業與煩惱等因緣而生，所以不會改變。

「寶」的梵文是「囉怛那」（rátna）。這個字有「珍寶」（藏音「仁波切」）和「稀有殊勝」（藏音「昆秋」）兩個意思。現在英文的三寶是說 three jewel，採用的是第一個意思。藏文當中，這兩個譯法都有使用，但是自古多是使用「稀有殊勝」（藏音「昆秋」）來稱呼三寶。偶爾，藏文也會把這兩個詞一起使用來形容三寶，例如「禮敬三種『稀有殊勝寶』」。

一般來說，「稀有殊勝」和「珍寶」還是有些不同的，例如在藏文當中對於鑽石的形容，一般不會說「稀有殊勝」，但會說它是「珍寶」。鑽石的確是一種珍寶，較之金銀，更為人所愛，人們會穿戴鑽戒、鑽石耳環等裝飾，以增顯自己的高貴美麗，同樣在佛教當中，傳統上也會在佛像的眉間鑲上一顆鑽石，以此莊嚴佛像。

以上是對於藏、英文當中，對於三寶這個「寶」（藏音「昆秋」）字的一些解釋。希望大家都能分辨清楚。

# 佛寶是法寶，也是僧寶

具備六種功德的「三寶」是哪三個呢？就是佛寶、法寶和僧寶。而三寶當中最重要的是哪一個呢？就是佛寶。因為佛陀開示出佛法，而佛法成就了僧團，所以說佛寶是我們究竟的皈依處。而且佛寶本身即是法寶和僧寶。這是什麼意思呢？原因在於佛的「智慧」和「空性」即是法的「道諦」和「滅諦」，所以說佛寶即是法寶；同時佛陀究竟證悟成為無上的導師，因此也是聖僧，所以說佛寶也是僧寶。

佛陀的功德殊勝不可思議，不是言語能夠形容的。以下我依據經典當中提到的一些說法，跟各位簡單的做一些說明。

# 眾生本具佛功德的徵兆

首先，證果的佛可以透過三身的理論來做解釋。三身就是法身、圓滿報身和應化身。法身是一切化現的基礎，它的化現無需仰賴任何因緣條件，是自然任運的化現。因此如果沒有證得法身，圓滿報身和應化身等等二身也就無法得以展現。從事物根本實相的角度來說，也就是從潛能的角度來說，眾生本具如來藏，換句話說，我們現在就已經具有佛果的身、智和功德。

有些宗派認為，我們現在無法具有果位時的功德，所謂的佛

果，必須是透過修行而獲得的一種新東西，但我覺得這只是權宜的、不了義的說法。因為如果佛果是新獲得的事物，那麼佛果就成為了生滅的有為法，那麼當各種的因緣消散、壞滅的時候，佛果也將消失，又會落入輪迴當中。這樣的說法是完全不合理的。

然而，我們又怎麼知道「眾生本具佛的功德」呢？有什麼樣的徵兆可以證明呢？那就是我們現在這念能夠覺知、感知的心。例如，在座的有些法友可能會說：「嗯，我不知道什麼是心性。」有的可能會說：「嗯，我可以知道一點點。」有的可能會說自己完全了悟了心性。無論你是了解一點點、一部分、還是全部，能夠感知、思維、領悟的都是「心」本身，而心它的本質即是「無為法身」。所以，當自心遠離造作、自然安住，不跟隨過去、現在、未來的妄念時，很自然的就會生起「樂」、「明」和「空」的覺受，這就是我們本具佛果法身的徵兆，或者說類似於證得佛果的覺受。

## 佛法不是阿斯匹靈，但讓人更快樂

德噶寺的執事們請我在頭三天，為初學者講說佛法。但是我也分不清在座到底誰是初學、誰是舊學，有些看起來是新面孔，我就當你們是初學吧。

隨著我在世界各地教學的經驗，認識很多剛接觸佛法的人，

我發現他們一開始學佛、禪修的動機，也就是初學者對於佛法修行，都懷有的一種普遍的看法，就是把佛法看成是壓力管理、痛苦管理或情緒管理的方法，他們覺得佛法的修持，是在阿斯匹靈止痛消炎藥物之外的另一種選擇。

當然，這只是初學者對於佛法的認識，隨著學習的深入，加上佛法的修持和禪修的開展，佛法確實能夠幫助我們得到快樂。最好的證明是什麼呢？就是各位現在來到了這裡。你們遠道而來聽課，有的百忙之中請假而來，有的克服各種的困難，來到這裡之後還要忍受印度炎熱的天氣，克服辛苦的生活條件，這都證明了你們從佛教的思想或修行上，一定得到過利益。

話說回來，這裡說了很多，主要是上面提到我們本具法身的功德、內心本具各種「樂」、「明」、「空」的覺受，我相信各位一定曾經都體驗過這些覺受，所以才會願意來到這裡聽聞佛法。然而，我們的心都很散亂，容易被各種煩惱牽著走，因此內心本具的各種「樂」、「明」等覺受也都消失不見了。因此接下來，為了讓我們本具的法身光明能夠顯露出來，我想簡略說明一下讓心安住的方法。

# 第四章

# 緣呼吸的止禪

保持鬆坦安住，
不要緊繃、給自己壓力。
如此，自心的平靜、喜樂和空明，
自然就會出現。

各位仁波切、喇嘛，男女僧眾、瑜伽行者，和在座所有的新鮮人、老修行，接著我們花幾分鐘的時間，透過緣呼吸來練習止的禪修。

# 禪修練習

## 一、身要

首先，各位把雙手放在膝蓋上，身體打直。身體和心情都不要緊繃，放輕鬆，雙手持定印，就這樣舒適的坐一會兒。

## 二、覺知呼吸，數21次

接著，知道自己的呼吸，保持自然。知道氣呼出去⋯⋯，一口氣吐完後，自然的稍稍停頓一下，不用刻意憋氣。然後，知道自己在吸氣，這裡的呼吸都是自然的，和平時呼吸一樣，保持自然。知道自己吸飽了氣，之後也是自然停頓一下，一呼一吸為一組，算一次。在心中數算21次。

## 三、放下數息，保持安住

接著，雙手平放在膝蓋上，不需數呼吸，保持安住就好。這個時候，心中可能生起很多的念頭，你都不要去理會。就像海浪時有起落，但終究離不開大海一樣，心念的起伏也都離不開我們這一念心，所有的念頭最終都會回到它生起的地方。

## 四、安住中，念誦〈四身祈請文〉

接著，保持這樣的安住，我們一起念誦〈四身祈請文〉：
「等虛空一切如母有情祈請上師佛寶，
等虛空一切如母有情祈請上師遍滿法身，
等虛空一切如母有情祈請上師大樂圓滿報身，
等虛空一切如母有情祈請上師大悲化身。」

念誦的時候，心中要想著「生生世世做為我們母親」的盡虛空

一切眾生的恩德，然後帶著信心和虔誠心，全神貫注地頂禮三身上師們，並且在他們的面前皈依和發心。

無量的眾生，都曾做過自己的父母，他們身為父母的時候，從未因為自己的貧富貴賤而絲毫減損他們的慈愛，唯有對於我們的無盡呵護，最好的食物留給我們吃，最棒的衣服留給我們穿，三界當中，沒有誰的恩德能比母親更大，所以祈請文中都把眾生稱為母親。

當然親子關係不見得都是正面的，偶爾也會關係緊張，甚至嚴重到相互仇視的地步，我覺得這種情況似乎在西方比較常見。一方面可能是父母的期待過高，行為和語言過於嚴厲所致，但是我覺得更重要的是，身為一個孩子，應該要能懂得學習體諒父母的用心才是。

接著，「祈請上師佛寶」的意思是說，指引出我們自心法身的上師，就是圓滿了三身的佛陀，上師和佛是沒有分別的。由於佛要依靠上師才能成佛，同樣上師也是因為佛陀才能成為上師，雙方都是缺一不可的。就像釋迦牟尼佛從最開始在釋迦大能仁如來（de bzhin gshegs pa sh kya thub chen）前發起了菩提心，之後無量劫當中，依止了無量的上師和善知識，最終修成圓滿的佛果。

# 練習成習慣，鬆坦安住每一刻

在剛剛簡短的一座法當中，我們一起練習了止的禪修，相信不少人都能體會到一點內心的平靜和快樂，或許還有些許清明的感覺。但是這裡的重點是，無論你有沒有生起這些感受，請你都要持續地修行，唯有堅持不間斷的練習、養成習慣，修行自然就會變得穩定而不費力。

這裡總結一下這堂課的重點。記得保持鬆坦安住，不要讓自己太緊繃、不要給自己壓力。那麼自心的平靜、喜樂和空明，自然就會出現。如果一直糾結著放不下，那麼各種的不善和痛苦，就會沒完沒了。要記得，一切的束縛都是自作自受，沒有魔鬼在作祟；一切的痛苦都是咎由自取，不要抱怨別人。所以，想要解脫煩惱和痛苦，只有靠自己，沒人幫得上忙。

同樣，想要讓自心俱生的本智顯露出來，也得靠自己的修持。顯露本智的前提是什麼？就是需要了悟萬法的空性。然而要能了悟萬法的空性，首先你要有能力清楚、穩定地對於萬法起觀，然而要做到這一點，如果身心充滿了痛苦、沒有得到安樂的話，是不可能做到清晰地觀察的，因此前提就是身心安樂。而這樣的安樂，主要來自於身心的全然放下和放鬆，如何放鬆呢？止的修持主要談的就是幫助身心放鬆、得到寂靜的方式。

各位的生命當中，一定都遭遇過很多的困頓和不安，那時如果能夠保持放輕鬆，大部分的問題都能迎刃而解，就算問題還在，你的心也一定不會受到動搖。對於一個瑜伽士來說，所有的困頓和不安，都能被視為修行道路上的逆增上緣，是得到加持的徵兆、幫助達到成就的助緣。能夠這樣做到，是因為瑜伽行者了悟了內在心性俱生本智的力量所致。

請一定要記得：我們每一個人都是未來佛。

第二部　深入篇

# 掌握主心骨

## 佛說根道果與三乘教法

# 第一章

# 根：認識世俗和勝義
# 兩種真理

每當遇到貪心、瞋心、嫉妒、邪見等煩惱因緣，
務必要備好正念的鐵鍊，拴住心念，
穩住自身，觀察煩惱，
全然掌控自己的身心。

## 總攝根道果

之前，我們簡單介紹過佛教的一般知識（general knowledge）。今天開始，我想介紹一個重要的佛教理論，也可以說是一個總攝（summarization，uddāna），就是根、道、果。首先，如果沒有建立好根基（根），也就是紮實的佛學理論的話，就不會知道如何修行（道），沒有修行也就無法證果（果）。所以，根、道、果是佛弟子首先必須要知道的重要理論。

根、道、果當中，各自包含了兩個要點，兩個要點各自解釋清楚之後，再將這兩個要點歸納為雙運的要義，因此總共有

三大雙運：

一，根：要點有兩個，也就是世俗諦和勝義諦，接著根的攝要就是「二諦雙運」；

二，道：兩個要點是二種資糧：福德資糧、智慧資糧，接著歸納為「二資雙運」；

三，果：要點是法身和色身，最後歸納為果的「二身雙運」。

# 一，根：二諦雙運

諦就是「真理」，這裡提到二諦，就是指「兩種真理」。一般我們可能覺得真理只有一個，怎麼會有兩個呢？而且兩個真理又如何結合在一起（雙運）呢？了解這些道理之前，我們先要了解二諦：

（一）世俗諦：指的是現象世界的一切萬法，也就是我們的眼、耳、鼻、舌、身等等感官和俗心所經驗到的各種經驗；

（二）勝義諦：是指超越俗心、遠離言說等等一切戲論邊的法

界空性。

世俗顯相和勝義空性兩者，看似不可能結合，然而世俗的一切顯相都是諦實空（本質是空性），因此顯現的當下沒有妨礙到空性，同樣空性也不會妨礙到顯相的發生，這種情況就稱為「二諦雙運」。因此這裡的雙運，不是說世俗和勝義是同一個東西，也不是說把黑白兩條繩線綁在一起。

一般以為，世俗是不真實的虛妄之法，因此真諦其實只有勝義一個，如果真是這樣，又怎麼會說兩個都是真理呢？這是因為顯相在世俗來說是不虛妄的，而實相在勝義上來說也是真實的，在這樣的理論基礎上，兩者都可以說是真理。例如以我們一般人來說，若我們的六根識能正常運作，同時沒有受到任何外在錯亂因緣的影響，那麼我們所經驗到的，就會被認為是普世的真理，例如世人公認「火是熱的」、「水是濕潤的」等等。

同樣，依於理智的量、大乘聖者的根本無分別智（mūlajñāna），如實觀知無生萬法，其遠離思維言詮之空性；二元對立的情況，是連三世諸佛也看不到的，因此這樣的空性實相在勝義而言是真實的。然而對於凡夫而言，由於各種錯亂因緣的影響，我們受制於各種世俗的顯相當中，處在被動的狀態，所以勝義諦對於我們來說，現在就只是一種思維作意（adhimuktika manaskāra）而已，沒有機會領悟得到。

總之，這裡我們必須知道的是，二諦只是暫時觀待的關係，而不是相異的兩個實存的事物。

# (一)世俗諦：因果業力的顯現

前面我們談到世俗諦，就是凡夫所經驗到的、思議所成的虛妄法，並非實有存在。那麼，進一步來想，萬法是如何發生的呢？我們說內外緣起和合的時候，顯相萬法就發生了，緣起包括了認為事物實有的習氣、業力的影響等等。

例如，以這次課程來說，現在我們在菩提迦耶，我在說法、你們在聽法，還有六位口譯人員為各位即時翻譯，這當中必定有不可思議的因緣才能促成這件事。不僅如此，就個人層面來說，每個人也由於過去的習氣、業力的使然，有些人的心自然就非常的清淨，有的人是一半清淨；也有的是大部分都不清淨，甚至是完全都不清淨、全是染污。人心會有如此的不同，也是因為過去生的習氣和業力所造成的。

這裡補充一下，其實上面說錯了，應該是七個翻譯，不是六個，因為我自己也把藏語翻譯成英語（仁波切笑）；總之，雖然人心各有不同，但我深信一點，那就是每個人的內心本質，都是百分之百清淨的。

有時候一些人會來問我：「我實在很倒楣，這是不是業呀？」

或者說：「我一直偏頭痛，怎麼都醫不好，這是不是業呀？」
這當然是業。作為業，最明顯的證明就是——「你有一顆頭！」
只要有頭就有可能會頭痛，這時「頭」本身就是頭痛的「親因」
或業。同樣，日月星辰、山河大地、昆蟲鳥獸、城鎮聚落、
語言文化、種族膚色等等，全都是業力的顯現，並非實有；一
切萬法都是因果業力的顯現，這就是世俗諦。

另外我們從小到大的親朋好友，當然也包括自己本身的相
貌、體型、聲音、生活方式各方面都有很大的改變。這一切
也都是業相，都是世俗諦，並非真實存在。

我不知道自己到底是一個小孩、青少年，還是一個老先生或
老太太，我不知道，而這也是我的業（仁波切笑）。這段話我
沒有說藏文，因為藏文聽起來會很不合理，藏族（聽藏文的
人）可能會覺得我瘋了。

因果業力真實不虛。今生的很多果報，有些是多生以前、甚
至無量劫之前所造業的果報；有些是前一生所造業的果報，
也有今生造了業而感得的現世報，甚至還有當下造業馬上就
感得的結果。所以因果業力的理論是很複雜的，有六因、四
緣、五果等等的詳細論述。但簡單來說，世上沒有無因之
果，萬法都由因果而生。

## 善業或惡業？看動機是什麼

業力一般分為善業、惡業、無記業。善業會導致快樂的結果，惡業會導致苦果，無記業會導致不苦不樂的結果。這些都屬於世俗諦。業力有輕重的差別，而這樣的差別來自於基礎、動機、行為和結果這四個條件，當這四個條件全部都具備的時候，如果是善就會是很強的善業，如果是惡，就會是很強的惡業。

舉例來說：

1.基礎：前面有一位Ａ先生，他的錢包裡有很多現金。這裡的Ａ先生就是「基礎」。

2.動機：你知道了就想要偷他的錢包，這就是「動機」，這是一種不善的動機。

3.行為：接著你一路尾隨他，觀察他的行蹤，錢包放在哪裡等等，這些行竊的計畫就是「行為」。

4.結果：最後的「結果」是指，錢包被你偷到手了，你開心地想：「終於得手了！」或者「錢是我的了！」

當以上四個條件全都具備的時候，這就造下了一個極大的惡

業，未來導致的果報也會很重，例如自己未來會變得貧困，時常被搶、被偷，或者本來很富有但後來變得極為貧困等等。

一般來說，類似這樣的重罪，其果報和惡業是比較難以消除清淨的。通常只有讓果報現前完畢，業力才有可能清除，或者去做更大的布施，行大供養，或者發起深切的大懺悔心，不然如此深重的罪業很難馬上得以清淨。

同樣以偷竊為例，假設發生另一種情況：你雖然想盡辦法偷A先生的錢包，但恰巧你自己也有一個一模一樣的錢包，都是Gucci的錢包，只是因為你很窮，拿的是仿冒品，A先生很有錢，所以他拿的是Gucci的正品。你在偷竊的時候太緊張，結果慌張之下拿走的是自己的Gucci假錢包，回到家中一打開才發現偷錯了。這種情況下，雖然你有偷竊的基礎、動機和行為，但是結果沒有完成，你甚至還會責備自己很蠢，因為你偷的是自己的錢包。雖說罪業會相對輕一些，但你還是有「動機」、「行為」和「基礎」上的罪業。

## 因果業力微妙，要看「影響是什麼」

總之，一個業力的完成，是需要具備很多條件的，這樣大家理解了嗎？換句話說，每件事情的發生，背後都有錯綜複雜的因果關係。例如有些人久病不癒，醫生也診斷不出原因，或者看了最好的醫生，結果卻做出了誤診！一般來說，一位

有口碑的醫生很少會做出誤判，或者給錯藥的；或者就算醫生做了正確的治療和給藥，但怎麼都醫不好；或者這個病好了，卻生出了另一種病。這都是過去生中造了極大業力的一些證明。但有的時候，自己雖然生了重病，卻能即時得到治療，或者很快就得以康復，這也代表過去的惡業不是那麼的重。總之，一切的發生，都是過去的業力和臨時的因緣所造成，絕對不會是無因無緣而發生。

有些人雖然衣食無缺，但就是心情不好，活得不快樂；有些人一無所有，但很輕鬆自在，就像是鳥兒想飛就飛、想休息就停在樹梢上休息一樣，自由自在。一般來說，一無所有好像代表著沒有福報，是過去沒有好好累積福德的結果。但也不一定是這樣，例如密勒日巴尊者，他的一生都很貧困，事實上，如果不是如此的貧困，他大概也無法達成如此的修行成就，無法成就佛果，從這個角度來看，他的貧困是過去累積了福德的善果。

而前面提到偷錯 Gucci 錢包的人，一般來說，他偷竊的思想和行為當然是過去的惡業習氣所致，但是最後卻偷錯了，其實這也代表可能他前生也造了一點點不差的善業，所以讓他沒有犯下重罪。這一切都是因果業力而造成的。

還有一些人無論身在何處，都能帶給自己和周遭的人快樂；有的人總是喜歡挑撥離間、說別人閒話，只要他在就有麻煩，

就會讓人頭痛。除了業力因果之外，沒有其他的道理可以解釋為何會有這樣的差別。總之，因果業力的關係錯綜複雜，不能一概而論，例如認為富有就是有福報，貧窮就是過去沒有積福，不一定是這樣，有沒有福報主要是從這個結果對於他有什麼樣的影響而定。

## 因果業力也有科學邏輯

各位很多都是初學者，可能不太相信因果。不容易相信因果業力的原因，主要在於以為業力因果，說的是過去生中造了什麼樣的業的結果，所以因為你不相信有前生，所以也就連帶不相信因果業力。但是對於佛教徒來說，因為深信輪迴，也就深信因果業力。無論如何，這事也急不來，只能透過修行佛法，自然慢慢的就會對於這樣的真理生起信心，真理指的就是因果業力、輪迴等等世俗諦。

換一個角度來想，如果你不相信輪迴，還是可以相信因果。這是什麼意思？因為你可以相信今生的因果業力。例如今生飲酒過多，肝就會壞掉，結果就是提早死亡，這就是因果業力；今生吸煙過量，肺就會壞掉，結果就是提早死亡，這也是因果業力。這樣懂了嗎？還有你們看我現在走路都要拄著拐杖，為什麼會這樣？因為我太胖了，為什麼會太胖？因為吃太多。這就是因果業力（仁波切笑）。但是你們別擔心，要我不用拐杖走路很簡單，只要我少吃一點，開始減肥就好了。現在我已經不

吃晚餐，早餐會吃，午餐的份量減少，所以下次你們見到我的時候，一定看不到有拐杖，而且健步如飛。真的，你們等著瞧（大眾鼓掌）！但其實我還滿喜歡這根拐杖的！

以上講完了世俗諦，其中的要點就是萬法因緣生，還有因果業力真實不虛。

# (二) 勝義諦：一切現象，都是空性

接著是勝義諦。之前談到的內外情器（內在的精神世界和外在的物質世界）所含攝的一切緣起萬法，就是「顯相世俗」的根基；而所有各種的顯相，因為都是依緣而起，所以本質就不實存，這就是「空性勝義」的根基。所以簡單來說，由於萬法皆是因緣所生，所以萬法皆是空性，這就是勝義諦的意思。

雖然從勝義諦、空性的角度而言，因果善惡並不實存，但是相對來說，「善」和勝義還是比較靠近的，而「惡」和勝義的距離是非常遙遠的。這是什麼意思？這是因為「勝義的惡」是不可能修成的，但是「勝義的善」卻是有可以修成的。如何修成呢？哪怕只是一個微小的善行，像是對於三寶、佛像供養一朵小花，然而在一開始，帶有一念良善的動機，中間具備不執著的心，最後也記得將供花的無量福德迴向給一切眾生，如此便能成就佛果，那麼這樣的善就是「勝義的善」。

因此，雖然善惡屬於世俗相對的真理，在勝義上的角度來說並非實存，但是因為善能夠幫助我們靠近勝義、拉近與勝義的距離，因此無論如何都要努力的行善；而惡只會把我們帶離實相和勝義，因此要盡一切的努力止惡。同時，行善的動機要清淨，避免夾雜不善的煩惱，不然表面上的善行也將成為不善，或者善行的力量將會變得微弱。例如有的人喜歡炫耀，就怕別人不知道自己供養了什麼，供養了一萬盞燈就四處跟別人說，在社群網站上寫某年、某月、某處供養了多少燈……還附上照片，由於是帶著沽名釣譽的「我執」的善行，因此所帶來的利益是非常微弱的。然而，如果這些行為背後的動機，是為了鼓勵或者帶動他人行善而做的話，那就不算是問題，而且還能累積更大的福德。

## 觀察起心動念處

因此平時，無論做什麼樣的修行時，我們對於自己的動機和目的，都要做一番仔細的觀察和反省。其實只要有觀察，通常都很容易能看到自己的問題在哪裡，然後加以修正。

怎麼知道的呢？例如，如果自己的發心和動機是清淨的時候，你會發現自己修行愈多，自心就會愈平靜，愈沒有煩惱，而平時可能要很刻意、努力才能生起的各種善，例如出離心、慈悲心、菩提心等等，都能自然而然地生起，而各種善行也很輕易地就能做到，這就代表自己的動機是清淨的、

福德是圓滿的。相對來說，如果發現自己的修行愈修心愈亂，愈修煩惱愈多，甚至更加的我慢、嫉妒、貪婪，言行變得更惡劣，想要行善的時候，障礙重重，造惡的時候，卻一切順緣具足，輕而易舉就能造惡，這些就是心沒有向法，法沒有向道，或者說發心不清淨、修行不修好的徵兆。

## 以空性對治業力束縛

止惡行善是必須的，但是我們可能還有一個擔憂：無始輪迴以來，我們因為無明煩惱所造作的惡業和習氣，絕對比須彌山還高、比大海還深，有可能得到清淨嗎？我們不需要有這樣的擔憂，因為空性是一切顛倒見的對治，因此，當我們圓滿了悟業力煩惱無實、遠離四邊的空性時，就像太陽升起，黑暗頓失一樣，我們的業力、煩惱和習氣就會被徹底根除。

因此，業力因果真實不虛、輪迴沒有間斷，這些只是站在未經觀察的名言世俗角度而說的，但是從究竟實相勝義的角度來看，如果業力因果和輪迴這些戲論是真實存在的話，那麼三世諸佛就無法成佛了，因為業力永遠無法被清淨，而輪迴也就不可能被斬斷。因此，最後我們要確認的是：這裡談到的根基上的二諦理論基礎，就是諦實空，因此二諦於空性上無二無別，所以說是「根：二諦雙運」。

# 禪修引導：觀察煩惱本質

早上課程還有一點時間，我想說明一下上面提到的「業力煩惱無實空性」的意思，雖然這部分在之後「道」的課程會再細說，不過這裡先簡略說明。

就像前面說過，勝義諦並不承認業力因果的存在，然而無始以來，我們造作的無量的業力需要清淨，這該怎麼辦？清淨得完嗎？可以的。方法就是「了悟空性」。我們因為無始以來的無明習氣，因「我執」而生起各種煩惱，尤其心中的貪心、嗔心、嫉妒、傲慢等等煩惱，是非常強烈的。然而只要了悟空性，這些煩惱都能得到降伏。

現在各位身心放輕鬆，於真實性中自然安住。
接著，將自己最強烈的煩惱，無論是貪心、傲慢、嫉妒，
讓它像是脫韁的野馬一樣，全部釋放出來。

這個時候，觀察煩惱的本質是什麼？
放輕鬆，觀察。
（大眾禪修）

你會發現，無論怎麼觀察、尋找，
所謂的煩惱，它沒有顏色，也沒有形狀，你找不到它在哪裡。
這就是煩惱本質不存在、空性的證明。

因此，總結來說，平時生活當中遇到煩惱的時候，例如生氣的時候——相信很多人都會遇到這樣的情況，或者嫉妒的時候，如果能夠記得靜下來觀察煩惱，煩惱的力量自然就會減弱。我們剛剛一起在佛前、在法友面前，做了觀察煩惱的修持練習，然而真正的煩惱不見得會在此時生起，真正的煩惱其實都是在既沒有佛像、也沒有法友在旁的時候才會出現，這個時候如果你能夠觀察煩惱的話，那就真的能夠降伏煩惱了。

因此，平時生活當中，總是充滿著各種生起貪心、嗔心、嫉妒、邪見等等強烈煩惱的因和緣，當我們遇到這些情況的時候，一定要具備正念的鐵鍊，拴住自己的心，不讓自己的心被這些煩惱、妄念帶跑，首先穩定住自己之後，接著使用找尋、觀察煩惱本質、定義的修行次第，全然掌控自己的身心。這個時候，就會領會到，其實煩惱就像海浪一樣，最終都要回歸到自心的大海，或者像是雲朵出於天際，終將消融於天際一樣，煩惱自生自解脫。

如此，有了這樣的了悟，佛法的講說、教學還有修行就有了意義。

# 第二章

# 道：累積福德資糧和智慧資糧

福德資糧可以積聚，但也可能會用完。
有什麼方法可以讓累積的福德用不完呢？
讓福德資糧轉成智慧資糧，
只要轉成了智慧資糧就不會用完了。

## 二，道：二資雙運

「道」的部分有二種資糧，也就是福德資糧和智慧資糧。

一般來說，沒有積聚「有所緣的福德資糧」，也就無法積聚「無所緣的智慧資糧」，所以會從福德資糧開始修持。

我們都很有福氣，過去生中應該都有積聚一些福德資糧，為什麼這麼說呢？因為在宇宙如恆河沙數無量的星球當中，我們能夠投生到這個地球（南瞻部洲）。這又有什麼特別呢？因為在這裡，已經有過七佛成佛，是具備加持的地方，不僅如

此，未來的千佛也會在這裡成佛。所以投生在這裡是極為難得的事情。

而且現在地球上有70多億人口，但是能夠具備暇滿難得人身、值遇佛法的人，更是少之又少，而在如此稀少的人群當中，我們現在能夠相聚一起學習佛法，真的是非常難得的因緣。如果這次的課程，沒有讓你得到受用和感動，問題應該是在我的身上，因為就我來看，各位的福報已經很大了，因為很少人能夠對於佛法具備這麼大的信心，願意如此辛苦地長途跋涉來到這裡上課，而且來到了三世諸佛成道的聖地菩提迦耶，你們要知道，這都是因為你們具有極大的福報。知道自己多有福氣是很重要的事情，因為一個人一定要知福然後才會惜福；一個不知福的人，就跟沒有福報的人是一樣的。

# (一)有所緣的福德資糧

福德資糧可以積聚，但是也可能會消盡用完。那麼有什麼方法可以不讓累積的福德用完呢？方法就是讓福德資糧轉變成為智慧資糧，只要轉成了智慧資糧就不會用完了。然而，我們還是先回到「如何積聚福德資糧」這個問題上討論。

累積福德的方法非常多，就像經文「成熟如海福資糧」說的一樣，方法就像大海一樣的多，例如供養三寶、濟貧拔苦、課誦持咒等等，甚至生起一念善心、發起一個善願等等一切

清淨有漏善法的行持，都是在累積福德資糧。實踐上來說，可以歸納為六種方式累積福德資糧，也就是布施、持戒、安忍、精進、禪定和智慧。

## 1.布施

可以分為財施、無畏施、法施三種。

1）財施：
是指布施各種衣食住等等對方所需的事物。財的意思是指各種有形的布施物。

2）無畏施：
是指對於需要救護、幫助的人伸出援手。

3）法施：
一般來說是指教導他人各種知識，但是正法的布施的意思，教導對方出離惡道和救護出離輪迴痛苦的正法。

以上三種布施都能幫助我們累積很大的福德。

## 2.戒律

持守戒律也能累積很大的福德。戒律可以分為三種：

1）攝律儀戒：

指的是避免身體和語言上的七種不善業道：殺生、偷盜、邪淫、妄言、兩舌、惡口、綺語，和三種心上的煩惱：貪、嗔、痴。一般來說，消極的沒有造惡和積極的受戒兩者之間，是有一些差別的。前者當然很好，例如很多時候我們很自然的就不會做一些不好的事情，像是平時也都不會殺生或者偷盜，但是如果你發誓不殺生、不偷盜等等，領受了居士五戒的話，這時候你就算是具備了攝律儀戒，那麼任何時候你只要沒有犯戒，都會算是在累積持戒的福德。

2）攝善法戒：

一般來說，平時我們在身體上、語言上，或者心意上的善行，都可以算是善法，但是這裡的攝善法戒，指的是具備「從今天起，我要三門行善」的誓言的一切善行。

3）饒益有情戒：

具備「盡虛空如母一切眾生暫時出離惡道，究竟出離輪迴」的堅固發心和誓言，然後盡力於三門行善。一般我們在財務上、生活上給予他人幫助，這都是在利益眾生，但這都只是解決了暫時性的問題，無法幫助他們得到究竟的快樂。例如

一個再怎麼有財力的人，說要花一個月的時間，布施所有人食物，可能一個月當中，真的不再有人挨餓，但是一個月過後，人類還是會飢餓，問題還是沒有真的得到解決。這麼做當然會有很大的福德，但其實沒有真正改變什麼問題。

總結來說，以上三種戒的主旨，分別是止惡、行善和利益眾生。同時就像前面說過，如果能夠帶著一念菩提心而持守這些戒律，或者行持任何的善行，這樣的功德利益，就會是非常廣大的。

## 3.安忍

安忍亦可分為三種：

1）安受苦忍：

所有眾生都有痛苦，相信在座的每一位都有痛苦。回想起來，自己今生當中也遭遇過很多的痛苦和困境，很多情況實在讓人搞不懂也想不透，但是無論如何，也都沒有讓我吃不下飯、睡不著覺。我相信一定是過去生的福報，加上三寶上師的大悲加持，讓我能夠保持正念，沒有怨天尤人。

所以，安受苦忍是什麼意思？就是經歷到痛苦的時候，首先你懂得接受，因為你知道一切的經驗，都是自己過去的業和暫時的緣所造成的。接著你可以發願：希望我的苦能夠代替

眾生受苦。事實上，無論你有沒有這樣想，直到果報受完之前，痛苦都不會消失，所以不如好好透過發願，承擔眾生的苦，這就是將自己的痛苦經驗轉化為修行的道用了。

因此，修持安受苦忍需要勇氣，它是積極的承擔痛苦，而不是逃避痛苦。當然安受苦忍不是要我們搬石頭砸自己的腳、自討苦吃，而是隨時隨地準備好自己，在面對生活當中無處不在的痛苦時，能夠保持正念，記得都是自己的業，不要怪罪別人，不要生氣、不要嫉妒、不要愚蠢地亂找原因。同時積極地發一個善願，希望自己代消一切眾生的苦。

2）耐怨害忍：
很多時候，我們都會遇到一些傷害自己的人，無論是在身理、心理上，還是直接或間接的傷害。耐怨害忍的意思是，當我們面對怨家的種種傷害的時候，能夠放下報復的心理，我們要想：對方的行為都是身不由己的，都是受到了內心的瞋恨、嫉妒或愚痴等等煩惱的驅使下而做出的行為，因此是情有可原的。這樣思維之後，放下仇恨的心，進而生起悲憫之心，深心為對方祈願和祝福。

3）諦察法忍：
學佛需要耐心和毅力，對於一些比較容易理解或做到的佛法，比較沒有難忍的問題。但是例如甚深空性和廣大地道的理論，或者菩薩利益眾生的難行，例如布施自己的頭目手足，甚至於

捨棄自己的性命等等，要做到就需要強大的毅力才行。因此諦察法忍的意思，就是對於這些甚深、廣大、難行的佛法，我們能夠無所畏懼，保持毅力地去聽聞、思維和修持。

## 4.精進

精進也分為三種：

1）免墮於惡的精進（披甲精進）：
古代戰士上戰場的時候，需要穿戴鎧甲保護身體，現代來說，各種保護的裝備很多，像是工人也會戴上頭盔、手套，或者厚重帶有鋼片的靴子進到工地上工一樣。從佛法的角度來說，穿上了精進的鎧甲，就象徵了自己在行善和修持上，使命必達的決心。為什麼這樣的決心很重要？因為行善是很不容易的，我們都有這樣的經驗，當你想要做一件好事的時候，時常發現怎麼障礙突然變得很多、困難重重，就像是要攀登喜馬拉雅山一樣的艱難。相對來說，當你想要做一件壞事的時候，一切都變得非常順利，就像上了高速公路一樣，順暢無比。我覺得輪迴很像高速公路，不只是順暢，而且還有各種清楚的路標！我們真的要謹慎，因為造惡真的是太容易了。

2）歡喜於善的精進（攝善法精進）：
這是指對於佛法的聞思和修持，或者對於十善等等善法的實踐

感到歡喜和投入。一般來說，大多數人喜歡的都不是這些善法，他們喜歡的多是聊八卦、抽煙喝酒，這些都是不善行。所以，要做到喜歡修行、熱衷行善，真的不是一件容易的事情。

3）利益眾生的精進（饒益有情精進）：
這是說在內心當中，始終保持著對於利他的歡喜，從不感到灰心和退轉。如果沒有具備這種強大的信念，要做到利益眾生是很困難的。因為芸芸眾生當中，只有很少數有福氣的人，懂得知足感恩，大多數的人都是給了一個，就會想要兩個，給了十個，就會想要一百個，怎麼做都滿足不了他們。而且如果隔天給的不如之前，就會開始抱怨你的不是。所以簡單來說，利益眾生的精進是什麼？就是在利他的事業上，熱情始終如一。

利他的同時，最需要具備的一個要點就是智慧。你要清楚知道幫助眾生，是幫助他們減少煩惱和痛苦，幫助他們積聚資糧、淨除罪障。尤其眾生百態，起心動念有善有惡，我們一定要有智慧分辨清楚，不然，就會變成是在助長眾生的貪心、嗔心、嫉妒等等五毒煩惱的欲望了。

## 5.禪定

禪定分為兩種：

1）現法住樂的禪定：

這是一個很深的用詞，依照傳統解釋來說，它的定義和分類都是非常繁雜和深奧的，這裡為了初學者容易理解，我用比較直白、同時從修持的角度做一些說明。首先我們要了解禪修的目的是什麼？一般來說禪修能夠使心安住，也就是讓心安靜下來。但是對於初學者來說，要能做到這一點並不容易，我自己剛開始也是一樣，例如很多人剛開始禪修的時候，會覺得心很亂、妄念紛飛，身體也很躁動不安，一會兒膝蓋痛、肩膀痛，或者這裡發癢、那裡不舒服等等。或者沒坐一會兒，就想起身走動，還是應該打坐的時候，又想去看經書，然後打開了經書之後，又開始打起瞌睡等等。這是初學者普遍都有的問題。

隨著持續禪修的練習，身心就能慢慢得到放鬆和安住。然後在你的生活當中，無論經驗到什麼，例如我現在眼前可以看到各位學員，總之生活中任何被你經驗到的事物（現法），你都能夠保持著放鬆、安住（樂住）的心去經驗這一切；你的內心是平靜的，沒有期待也沒有恐懼，遠離過去和未來等等的妄念，這就是「現法樂住禪定」的簡單字面解釋。

2）成就功德的禪定：

這裡的功德，指的是圓滿的內證功德，這個內在的證悟功德是什麼呢？首先第一個成就的功德是「心安住於一境」（sems rtse gcig tu gnas pa），這時候的「心安住於一境」和之前的「心

安住」已經是不同的了。接著，在心安住於一境的功德之上，成就「無執」的功德。隨著「心安住於一境」和「無執」等等禪定功德不斷的增長，行者無論座上、座下，或者平時生活行住坐臥任何時候，都能保持這樣的安住。

這些禪定的功夫，講起來好像很容易、很厲害，然而不修一切都是枉然。所以也不用說太多了，努力修持是最重要的。

# 6.智慧

一般來說，我們都懂的不少，例如世俗生活當中，我們都知道怎麼說好話、也知道怎麼說謊話，我們知道怎麼做善事，但也知道怎麼做不好的事情。我們很聰明，具有很多知識，但都是一些可有可無的知識而已。所以真正的問題是什麼？我們是如此的渴望離苦得樂，然而我們卻完全忽略了真正最應該知道的事情。最應該知道的事情是什麼？就是快樂和痛苦的成因是什麼，當我們清楚知道快樂的因是善，痛苦的因是惡之後，接著我們努力止惡行善，那麼才有可能得到快樂、避免痛苦。

然而，我們要如何才能生起這種分辨善惡、正確取捨的智慧呢？

1）聞所成慧：
首先第一步應該好好依止清淨的上師、善知識。清淨的意思是指這位上師具有不間斷、清淨的法脈傳承，我們依止這樣的上師、善知識，學習正確的取捨的道理。這時生起的智慧就稱為「聞所成慧」。

2）思所成慧：
接著我們持續跟隨上師、善知識學習，不斷將所學經由思維內化，想不明白的地方再回去請教上師，直到不再疑惑為止。這時候生起的智慧，就稱為「思所成慧」。

3）修所成慧：
最後我們對於自己聽聞到的和思維過的道理，透過實際的修持去加以驗證。這種經由實修而生起的了悟，就稱為「修所成慧」。

智慧的意義是很深的，例如如實甚深空性和廣大地道的「勝義俱生智」或「遍知智」，有時也被稱為「果位智慧波羅蜜」或「究竟的智慧」。總之，因為時間關係，以上只是簡略的一個介紹。

## (二)無所緣的智慧資糧

所有累積福德資糧的方式，可以總結歸納為前面提到的布施等等六個法門。而當這六法的修持究竟圓滿的時候，就是智

慧資糧。

舉布施為例，我們說布施圓滿的時候，也就是所謂的「布施波羅蜜」，就時就是在累積智慧資糧。然而到底什麼才叫做布施的圓滿？是不是說世界上不再有乞丐？還是不再有貧窮呢？如果是這樣來定義的話，佛陀也沒有圓滿布施波羅蜜，因為世界上還是有貧窮存在，就以菩提迦耶來說，現在到處都可以看到乞丐。

因此布施波羅蜜的意思是什麼呢？《入中論》說：

「施者受者施物空，施名出世波羅蜜。」

這段話的意思是：如果領悟到施者自己，受布施者和所施的物品的本質都是空性，不帶任何貪執的究竟布施，就被稱為三輪體空的布施或布施波羅蜜。

所以就算是裸捐、散盡家財，或者讓全世界的人類都脫離貧困，也都不能算是布施圓滿。同樣持戒、安忍、精進、禪定、般若等等其他六法的修持也是一樣，如果想要圓滿、累積智慧資糧，就要具備空性的了悟才能達成。

換一個角度來說，我們又要如何了悟空性而累積智慧資糧呢？方法還是一個，就是實修。當我們了悟自心實相法身的

時候，就是累積智慧資糧的時候。

講到心性，很多人都來請我為他指引心性。如果心性真的能夠被我指引出來的話，我早就這麼做了。所以事情不是這麼簡單的。心性必須靠自己去領悟、向內心去探詢的。可能我對英文的理解不夠，他們把指引說成是 pointing out，我覺得這是外道的說法，佛教徒應該說是 pointing in 才對。總之了悟了心性，智慧資糧也就圓滿了。

## 成就「二資雙融」的方式

二種資糧如何達成雙運呢？我們要知道，缺少了福德資糧，智慧資糧是將無法圓滿，由於兩者相輔相成，因此說是雙融。舉例來說，一個再有學問的人，如果沒有實際的去做修持，終究無法了悟心性的實相。

今天非常的殊勝，是大瑜伽士密勒日巴尊者的圓寂日，我們一起唱〈四柱夢境歌〉。密勒日巴已經徹底平息生老病死的一切痛苦，住於不動佛的現喜淨土，然而為了消除凡夫恆常的執著，示現了圓寂。如果具備虔信祈請的話，一定能夠得到尊者的加持。

# 第三章

# 果：從「身語意」
# 現證「法報化」

> 如何現證自己染污的身語意，即是清淨的三身？
> 只要每一座法當中，能夠專一保持身心的寂靜，
> 那麼每個人都有可能從自己的身語意上，
> 體會到一點法報化三身的覺受和經驗。

## 三，果：二身雙運

果有兩個面向，一個是法身，一個是色身[1]。究竟來說兩者的本質沒有任何分別，所以稱為雙運大平等。

現在我還沒有證果，只是一個凡夫，各位也應該還是凡夫，因為你們現在還在聽我上課。那麼，像我們這樣的凡夫，要如何得到法身和色身的果位，或者說我們和果位的關聯是什麼？如果從「根」（潛能）的角度來看，我們在之前講到如來藏

---

1　色身：此處指報身和化身二身。相對於無相的法身，色身有所示現，對凡夫示現化身，對菩薩聖眾現報身。此處色身不是指物質性的身體。

的時候，提到「根」和「果」在本質上是沒有分別的，這裡便不再多做說明。現在我們換個角度，從現有實際的身、口、意上來看，其實也和究竟的結果有著直接的關聯。

## 「身語意」本質即是「法報化」

「身」就是我們這個身體，也就是血肉和合而成的近取蘊[2]；「語」不僅僅是口說語言，也包括了肢體語言；「意」是身、語的主人，身、語是意的僕人，沒有意的話，身體不會有動作，也不能講話，就像屍體一樣。所以身、語、意三者當中，「意」是最主要的。

那麼，我們的「身語意三門」和「法報化三身」有什麼關係呢？身和化身有關，語和報身有關，意和法身有關。

從勝義實相的角度來說，我們的心（意）和佛陀的法身完全沒有差別，但是從世俗顯相的角度來說，差別當然是非常明顯的：我們的心中是五毒熾盛，而佛陀的心中是五智充滿。接著本智法身的遊戲化現，就是圓滿報身和化身，同樣我們的語和身，也是我們的心的化現。

---

2　近取蘊：指由色、受、想、行、識五蘊和合的色身。色身既是來世痛苦的造作者，也是此生苦的所依，因此領受痛苦的身，是痛苦的「近取」。

# 因為無明，錯把「身體」當作「我」

如你我這樣的凡夫，在心中如何變幻出語和身呢？簡單來說，我們因為無明，誤把自證明光心當成「我」，由於這樣的我執，進而造成更多的「我所執」，也就是覺得更多的東西是屬於我的，其中最嚴重的一種我所執，就是執著自己的壞聚蘊——「身體」——為我。

舉例來說，這次各位會說：「大司徒仁波切要來了。」這個「被稱為大司徒仁波切」的身體坐在飛機上，扣上安全帶，有時喝幾口水、吃幾口餅乾，不時看著窗外。飛機抵達之後，很多人已經在機場迎接，這個「被稱為大司徒仁波切」的身體，上了預先備好的車，坐在安排好的位子，繫上安全帶，接著乘車一路顛簸來到這裡。

快到寺院門口的時候，各位就說：「大司徒仁波切到了！」僧眾們開始吹奏法器，列隊迎香、撐起寶傘，接著看見車門打開，這個「被稱為大司徒仁波切」的身體，拄著拐杖，慢慢走到現在這個上課的法座上，而後接受大眾的禮拜、獻供曼達、茶點，接著，大司徒仁波切會拿起一小撮米拋向空中。到這裡為止，大家會說：「喔，大司徒仁波切蒞臨現場了！」各位現在可以好好看一下，這樣一個「被大家稱為大司徒仁波切」的身體，現在就在這裡，到底大司徒仁波切是怎麼樣的？仔細觀察一下就會發現，其實，各位現在看到的這個身

體，只是我所執的一個所緣境而已，意思是「這個身體是大司徒仁波切」的那一念執著，把這個身體當成了大司徒仁波切了。

# 從表相的三門，體會本質的三身

本質上來說，或者以佛的角度而言，這個身體就是佛的化身，但是現在還沒有成佛的時候，他就是一個實際的我所執的所緣對境。而在業力因緣的牽引之下，我投生為父母親的孩子，得到了這個身體，有些地方長得像父親，有的地方長得像母親。這個身體也有很多動作和表情，就像現在，我為各位上課，講解根、道、果，聲音從我的嘴巴、喉嚨等部位發出來，這些部位就是身的部分，同時講解的語言、語氣，加上很多肢體動作，就是語的部分，而這一切身語的主導者，都是自己的意；也就是說，是在意念或思考的前導作用下，產生了一切身體和語言的業道。

這次在國際德噶的邀請下，請我為初學者上課，我覺得根、道、果是非常重要的基礎，因此確定了這個主題，現在也講到果的部分當中的化身。

如果從本質清淨的角度來看，自己的這個身體，就是化身，自己的語就是自己的報身，自己的心就是自己的法身，而你們的身、語、意也就是你們的法報化三身。

但是，從世俗的角度來看，這麼說就不合理了，因為自心充滿了做不了主的妄念，怎麼可能是法身；我沒有64種梵音，而且還得透過麥克風、擴音器，偶爾還會咳個兩、三聲，應該也不是報身；我不具備相好莊嚴，而且還得拄著拐杖走路，這怎麼可能是化身？

## 如何現證「染污身語意，即是清淨三身」？

那麼，我們應該如何現證自己染污的身語意，即是清淨的三身呢？

以這個身體來說，現在各位是在炎熱的印度，這個身體每天大概要洗兩、三次澡，而如果我們透過止觀禪定和念修支等等方法使身體清淨的話，就能夠體驗到一些化身的覺受；然而因為我們現在只是短時間的練習，因此無法證悟化身，只是稍微體驗到一點化身的覺受。如果要證悟化身，就必須如同密勒日巴尊者一般，長時間保持恆毅地修持。但，即使無法像密勒日巴一樣堅定苦行，只要每一座法當中，能夠專一保持身心的寂靜，那麼每個人都有可能從自己的身語意上，體會到一點法報化三身的覺受和經驗。

# 禪修引導：「轉三門為三身」的練習

講到禪定的姿勢，一般來說有毗盧八支坐、七支坐或五支坐。
現在各位的姿勢都具備禪定五法，其中，最為重要的就是身
體要直和放鬆。接著，我們來進行一次短時間的禪修：
各位身心都放輕鬆，安住。

繼續保持這樣的安住，帶著虔誠的信心向三寶祈請，
同時對於輪迴和惡道的眾生，生起強烈的慈悲心、菩提心。
（仁波切帶領唱誦〈皈依發心文〉、〈四無量心文〉）

皈依、發心和祈願之後，雙手合十，慢慢地置於頭頂、喉部
和心間，
<u>祈願自己的身語意轉為清淨的三身。</u>
這時，結合虔信、慈悲菩提心，安住一會兒。
一般來說，我們的身體從頭到腳都是不淨，
然而當我們的身體自然安住，放輕鬆的時候，
這時身體感到寬舒、清爽，各種不淨的妄念煩惱都沒有生起，
這算是稍微嚐到了一點「身的清淨」、化身的覺受。

以上透過皈依、發心文的唱誦，加上合十的動作，
我們稍微體驗到「語的清淨」、報身的覺受。

以上修持當中，我們生起虔誠、具備慈悲、菩提心，

我們體驗到「意的清淨」、法身的覺受。

這並不是證悟，只是覺受而已。

（禪修結束）

這些「不淨身語意轉為清淨三身」的道理講起來可能很複雜，但是如果實修的話，會發現要了解並不那麼困難。例如，我們現在只是做了短暫幾分鐘的轉依修持，就會對於三身有一點點的理解和感受。

# 結語：清楚根道果，學佛才及格

以上講解完佛教的精華：根基──二諦雙運，道法──二資雙運，果位──二身雙運。相信各位也多少有些理解和感受。身為一個佛教徒，一定要清楚佛教的根、道、果。如果不清楚這些道理，就等於沒有掌握學佛的目的、方式、重點或技巧，即使聞思、修持再多，也都是不合格的。

# 佛爲三乘人，宣說解脫法

佛陀對於聲聞、獨覺的二乘弟子，
次第開示出苦、集、滅、道四個真理；
佛陀為菩薩，說煉心法門，教授二種菩提心的修持；
佛陀為上根菩薩，說密咒金剛乘，
密法歷代相傳，延續至今。

## 略說九乘與三乘

佛陀在菩提樹下成道不久之後，就開始轉法輪、教示佛法。直到圓寂之前，共45年的歲月當中，佛陀為不同根器的弟子們開示出無量深廣的教法。後世的弟子將這些內容進行判釋，歸納為九乘，也就是：聲聞乘、獨覺乘、菩薩乘，事續、行續、瑜伽續、父續、母續和無二續。進一步又可將之收攝為三乘，也就是聲聞獨覺乘、菩薩乘和密咒金剛乘。

# 壹，佛為聲聞、獨覺，說「四聖諦」

## 一、苦諦

首先我們講一下聲聞獨覺乘。佛陀對於聲聞、獨覺的二乘弟子，次第開示出苦、集、滅、道四個真理，也就是「四聖諦」的內容；我們可以看到，其中佛陀最先講說的就是「輪迴是苦」的真理。

曾經我到西方弘法的時候，一位西方人聽完課程之後跟我分享他的想法，他說：「佛陀一開始就講苦，這樣很令人沮喪，一開始應該樂觀、開心一點，所以說『樂』會比較好。」聽完他的說法，我知道這個人的佛法沒有學好，因為他的觀念並不正確。

為什麼我這麼認為？我們要知道佛法在談的是什麼？佛陀說的是真理、是輪迴的真實情況，而這個真實情況是什麼？就是「輪迴是苦海，不是樂海」，這就是佛陀觀察到的事實。然而對於一個無明的世俗人來說，他眼中的輪迴是個樂海，但真的是這樣嗎？例如很多人把抽煙、喝酒當成是快樂，如果抽煙喝酒的本質真的是快樂，那麼當全世界的水，像是海水、河水，所有身邊的水都變成酒的時候，你會感到快樂嗎？或者當你呼吸到的每一口空氣，全都是二手煙的時候，

你還會感到快樂嗎？不會的。所以抽煙喝酒只是一個小小的例子，我們要知道輪迴當中的一切萬法都是苦。就像高溫和燃燒是火的本質一樣，痛苦就是輪迴的本質。

## (一) 從「行相」了解苦諦

接著，我會簡單的介紹每一諦的行相和字面的含義。首先苦諦的行相非常豐富，佛經當中有非常多的解釋，但是總括而言，苦諦的行相有四個方面，也就是無常、苦、空、無我。

### 1.無常：剎那生滅法

接著我們再細看每一個行相，首先是無常，它的行相是「剎那生滅法」，這是在說輪迴當中的一切現象都是無常、因緣所生法，都是有為法。舉例來說，人類是無常的，因為是由五蘊聚合而成的有為法；我們居住的地球是無常的，因為是由地、水、火、風、空等各種元素聚合而成。世界上的萬事萬物，日月星辰、山河大地，當中的有情生命，一切都是無常，因為萬物剎那都在不停的生滅變化。

就我們自身來說，我們的家庭、親人、朋友都是無常的；我們擁有的地位、榮耀和財富也是無常。親友的聚合，終有一天會要分離；我們所擁有的一切，終有一天會失去，這就是無常的道理。

就連佛教也不例外，兩千五百年中，佛教經歷了無數次的興盛和衰敗。昔日規模宏大的印度那爛陀寺，是當時印度佛教的最高學府，著名的世間六莊嚴、兩大論師等等大班智達、大成就者都出自於此。鼎盛時期，僧徒常達萬人，他們晝夜精進的聞思、修持佛法。而如今這一切都已不復存在，各位有機會去朝聖的話，只能看到茅草堆中的斷垣殘壁而已。

同樣，佛陀成道的聖地菩提迦耶的摩訶菩提寺，我們從法護尊者（Anagārika Dhammapāla）六十多年前拍攝的黑白照片中可以看到，當時整個寺塔大部分都還埋在土裡，只露出一部分的塔尖，而覆蓋在塔尖之上的土堆，雜草叢生，很是荒涼。

再看我們現在上課、共修的德噶寺，它也是無常的，它是由磚塊瓦片、鋼筋水泥等等建材堆砌而成的「有為法」（因緣和合的現象），而寺院內部的佛像、法器，也全都是生滅法。幾十年前在這片荒地之上，不存在這座寺院，而百年後的這裡，寺院是否安在，誰也說不準。這就是「諸行無常」的意思。

同樣，我們現在很有福氣，師徒齊聚一堂，講說、聽聞佛陀殊勝的教法，這是多麼幸福的一件事情！然而這短暫的聚合也是無常的，因為很快課程就會結束，你們就會返回自己的家中，忙於各種事務，而我則是留在寺院進行閉關。

我們的生命也是無常的，前一刻是健康的，下一刻可能就臥病

在床。我們可以確定的就是：我們每天都在邁向死亡，這是我們終究無法逃避的一個事實。在座有些人可能覺得自己還很年輕，才20出頭，但是60年之後，各位就80歲了；如果現在是40出頭的，60年之後也100歲了。我自己60年後，大概也老得不成人樣，是120歲了！那時的我應該什麼都記不得了吧！

講到記性，我的記性一直很好，三、四十年前發生的事情，也像是最近才發生的一樣，記憶猶新。記得當初為了建立八蚌智慧林寺，我們前往印度比爾（Bir）擇地，當時大家都累了，就在林間停下來休息，侍者將甜茶倒在小小的玻璃杯裡遞給我，那股香甜的味道，到現在都還能聞到。總之，我的記憶力是很好的，甚至連自己一、兩歲時發生的事情也都記得。講回來，別說120歲，就算我再多活個30年，也就是我現在一半的年紀到90歲的話，那時我應該老得走不動、也記不得任何事情了。如果真的能夠活到那麼久，到時可能就只剩下呼吸了吧，我可不想變成那樣（仁波切笑）。

面對生命的無常，我們更是要積極的生活，把握生命。就以我個人來說，因為身負著弘法利生的責任，總是需要不停的思考和規劃未來，相信各位也一樣，有很多的事情需要忙碌，但是我們一定不能忘記佛陀的告誡：「只要是因緣和合的事物，都是無常的。」

## 2.苦：一切無常的事物，本質就是苦

苦諦的第二個行相是「苦」。佛陀說：由於輪迴當中的一切事物都是無常，也因此全都離不開三苦：苦苦、壞苦和行苦的本質。無論是我們居住的地方，我們的身體、財富、知己，這一切的本質都是苦。

我們生命當中，可能都有過一、兩位知己。從一開始的互不認識、陌生，到逐漸熟悉和投緣，慢慢地深交成為了知己。然而世事無常，可能在某次不愉快的爭吵之後，開始漸行漸遠，由於始終沒有放下心中的芥蒂，以致從此不再聯繫。兩人從知己到老死不相往來，這就是苦。或許你和這位知己一輩子相知相惜，但是當無常到來的時候，總是有一個人要先離開對方。悲歡離合、生離死別，是人生必經的過程，是我們生命的本質。所以佛陀說：無常的本質就是痛苦。

金錢財富也都是無常的。有的人可能曾經萬貫家財、富可敵國，最後卻變得一無所有。人們為了賺錢費心勞力，為了爭奪財產，吃不下飯睡不著覺，最後可能只是得到了一小塊土地、一小棟房子或者一點點的財富，而且好景不常，很快又遭人陷害，陷入官司的糾紛，或者遇到了小偷、搶匪，努力積聚的一切又都失去了。事實上，沒有什麼東西可以永遠屬於自己，因為一切都是無常，而這樣的無常就會帶來痛苦。

不僅世間的親友、財富是無常的，就連出世間的佛教團體也不例外，不僅是無常的，而且也是有痛苦的。我時常開玩笑說：佛教團體只是相對清淨的白色輪迴。意思是說，雖然是出世間的佛教團體，但也難免會遇到人我是非，例如生起「這是我的法門、那是他的法門」、「這是我的寺院、那是他的寺院」、「這是我的僧人、那是他的僧人」，或者「這是我們的施主、那是他們的施主」的分別心，然後可能還想：「怎麼我們的僧人，跑到他們的寺院去了？」這種種的擔憂和煩惱，就是一種考驗，這是我們要學習面對的。佛教的事業，就是利生的事業，然而佛教的團體，也是世俗諦、有為法，因此痛苦和麻煩是會不斷出現的。我們應該效法佛陀尼連禪河六年苦行的精神，還有密勒日巴大師堅毅修行的毅力，隨時保持堅固的出離心和安忍之心。

記得有次我的一位弟子前來拜見我，他是一位祖古，時常在亞洲各地弘法。我問到他的近況，在弘法利生上有沒有遇到什麼困難？他為人非常的謙和誠懇，對我非常的恭敬，而且從來不會說假話。所以當他回答說「實在太辛苦了」的時候，我很訝異，就問他：「到底發生了什麼事？到底哪裡辛苦？」他說：「仁波切，原本我以為是在利益眾生，但結果完全不是那樣。因為我發覺自己只是一直在討好施主，甚至連施主的貓狗也要討好，不然施主還會不高興。」我問：「為什麼你會變成這樣呀？怎麼搞的呢？」他說：「仁波切，請您別責怪我呀，我有寺院要建，有很多僧人要照顧，如果不這樣做的

話，就化不到緣了。」

這是這位祖古的經驗。我也有很多施主，但我從來不會討好他們。不信的話就去問他們。為什麼我不會討好施主，因為我的想法是：我在做的是佛教的事業，發心都是在利益佛教和眾生，所以願意護持的施主們，他們也能因此累積福德資糧，換句話說，向施主們化緣，是給予他們累積福報的機會。因此如果我去討好他們，這樣的發心就不清淨，而他們的護持也就不能算是清淨的善業。

這位祖古的個性太客氣，加上年紀輕、經驗不足，尤其沒有建立正確的化緣觀念。如果一直這樣討好下去，想盡辦法讓施主開心，結果通常都不會很好，因為你不可能永遠讓一個人開心，一切都是無常的。

另外還有一次，我問到另一位也在亞洲弘法的祖古一樣的問題，他的回答竟然也一樣：非常辛苦。我問他為什麼辛苦？他說：「因為我一整天都要陪著施主或弟子們笑，一整天下來臉都僵了。晚上如果不按摩一下臉部，都沒辦法好好睡覺。」這些真的是痛苦喔！總而言之，所有無常事物的本質都是痛苦。

## 3. 空：一切苦的事物，本質是空的

接著是苦諦的第三個行相「空」，意思是：一切苦的事物，它

的本質就是空。

### 4.無我：空的事物，本質就是無我

第四個行相是「無我」，意思是：只要是空的事物，它的本質就是無我。

總而言之，輪迴當中的一切，包括我們的身體、錢財等，這一切都是因緣和合的有為法，因此都是無常；由於是無常，所以是苦；由於是苦，所以是空；由於是空，所以是無我。

所以苦諦追根究底來說就是無我，而這是一個好消息，是我們的希望，因為這在告訴我們：萬法真實的情況就是無我。換句話說，因為無我所以是空，因為空，所以能夠生諸苦，因為苦，所以無常。

## (二) 從「字面含義」了解苦諦的四個行相

### 1.無常

首先「無常」所以「萬法都是因緣和合」，也就是說在各種順緣、條件具備的情況之下，只要沒有任何阻礙出現，萬法就一定會發生，相反來說也就什麼都不會發生，這就是無常的意思。

## 2.苦

再來「痛苦」意謂著「輪迴萬法只會帶來傷害」。為什麼這麼說？因為輪迴是由於凡夫眾生的(貪)、(嗔)、痴、(慢)、(疑)等五毒煩惱，還有因煩惱而造作的各種惡業所造成的。所以導致輪迴的煩惱和惡業，不僅讓我們深陷於輪迴當中，還會繼續將我們牽往惡道，受更多的痛苦，所以說輪迴萬法只會帶來傷害。

## 3. 空

接著「空」的意思是：「以為屬於自己的，或者被當做為真實的一切，其實都非真實存在，所以也不可能被我們所擁有」。例如我的家庭、民族、金錢、土地、房子等，這一切都是虛幻不實的，這就是空的意思。

## 4.無我

最後一個是「無我」，意思是：「我們執著真實存在的自我並非實有」，也就是說我們將五蘊執著為自我的這個與生俱來的我執，並非真實存在。

以上是對於苦諦的四個行相和字面含義的簡單介紹。接著，苦諦的事例有哪些呢？苦諦的事例其實就是輪迴中的一切事物，像是地方、身體和錢財等。

## 二、集諦

苦諦之後，佛陀講說了集諦。經典中說集諦是「諸苦果之因」。意思是痛苦輪迴的結果，是由集諦造成的。那麼集諦是什麼？經典中說「『集』為業煩惱」。「業」是有漏業，其中包括善惡夾雜的業、福業和非福業，「煩惱」是指無明等128種煩惱。痛苦的輪迴就是由這些現前和隨眠的業與煩惱而產生的。

## 三、滅諦

因此，所謂解脫輪迴，意思是當我們消盡了業力、斷除了煩惱、清淨了惡業、止息了墮罪，也就是將一切痛苦輪迴的成因全都消除殆盡的時候，痛苦輪迴也就結束了，這時也就證得了第四諦：滅諦，也就是證得了阿羅漢涅槃寂滅的果位。那麼，要如何才能得到這樣的果位呢？

## 四、道諦

方法就是修持第三諦：道諦，透過修持無量的道法，例如戒律、八正道，正觀順逆緣起、修持止觀禪定等，斷除所有輪迴痛苦的成因，幫助身心達到寂滅的狀態。

以上對於苦諦的行相和字義，做了比較詳細的解說。一般來說，四諦當中的每一諦，都可以從意義和字義兩部分作細

說，但因為時間關係，後面的三諦只做比較簡略的說明。總而言之，四聖諦是佛陀第一次說法的精華，而從九乘判教來說，四諦是聲聞乘和獨覺乘的修持核心。

# 貳，佛為菩薩，說煉心法門

三乘當中的第二個部分是「菩薩乘」。菩薩的修持主要是「煉心（修心）」法門，也就是修持願、行兩種菩提心利益一切眾生，將其安置於不落輪迴和涅槃二邊的大菩提果位。煉心的修持，幫助我們深入觀察所有輪迴當中受苦的如母眾生，並且生起強烈的悲心，因為菩薩體認到：其實眾生的苦根本是沒有必要的，問題的根源只是自身的煩惱和惡業。換句話說，眾生的苦都是自己造成的，是自找麻煩、自討苦吃，然而眾生卻不懂得從根源調伏自心下手，如此一來就只是在白白受苦，那是一點也不值得的。

## 實修二種菩提心

煉心的修持主要有兩個部分：

## 一，願菩提心

首先是修煉「願菩提心」，也就是鍛鍊自己利益一切眾生得

到圓滿菩提果位的願心，這裡重要的是要具備一視同仁的無私、平等之心，面對不同出身、種族的芸芸眾生，能夠不帶任何偏見的發願利益他們。

## 二，行菩提心

接著是修持「行菩提心」，「行」的意思就是實踐菩薩的行持，例如透過六度、十度、四攝法的修持利益眾生。菩薩主要就是透過如上「願行菩提心」的利他行持，逐漸圓滿自身五道、十地的修持和果位，進而達到自利的圓滿。菩薩最終圓滿的果位是什麼呢？就是當他登至菩薩十地的最後剎那，金剛喻定現起之時，將能徹斷所有煩惱障、所知障、等至障等一切所斷而圓滿成佛。

以三乘判教來說，菩薩乘是第二個；而在九乘判教當中，菩薩乘是第三個，也就是排在了聲聞乘和獨覺乘之後。

# 叁，佛為上根菩薩，說密咒金剛乘

接著是「密咒金剛乘」，它是「因相乘」和「道波羅蜜乘」的精華，一般也被稱為果乘、果金剛乘。以三乘判教來說是第三個，而在九乘判教當中，是第四到第九個。密咒金剛乘，是

佛陀為了上根器的菩薩弟子而親說的教法，所謂上根器菩薩弟子，也就是像是八大菩薩這些登地的菩薩。由於沒有普傳給一般的凡夫弟子，因此被稱為「密」乘或「續」。

密法歷代相傳，經過印度84大成就者和藏地的君臣25人等具緣男女行者，此殊勝的傳承一直延續到現在。我們很有福氣，由於過去的善願，在今生能夠接觸到密法，但是我們也不要忘記歷代密乘修行者、譯師和班智達的恩德。

# 三門轉三身，五毒轉五智

之前說到密咒乘是九乘當中的後面六個，是哪六個呢？就是事續、行續、瑜伽續三個，再加上無上瑜伽續當中的父續、母續和父母無二續。佛陀開示出這六續的次第，幫助具備不同善巧方便，和堅毅苦行力道的行者，逐步開展各自斷證的功德，最終證得殊勝的佛果。前面的三續的修持，也就是事續、行續和瑜伽續，著重於外在的堅毅苦行，並藉此喚醒內在的明覺，因此也稱為「苦行明覺乘」。而後三續的方便法門，也就是無上瑜伽續當中的父續、母續和父母無二續，具有轉依、轉為道用或統馭的特性，例如能將自己的身、口、意轉依為佛的三身、將五毒做為道用而轉為五智、將五界轉為五身等，因此也被稱為「統馭方便乘」。

事續
行續　　苦行明覺乘
瑜伽續

　　　　　　父續
無上瑜伽續　母續　　統馭方便乘
　　　　　　父母無二續

# 九乘結語：希望與相信

希望透過以上對於三乘和九乘的簡單說明，能讓各位對於佛教是什麼，有一個整體的概念。而這三天當中，我們也一起做了多次的禪修練習，相信這些實修的體會和感受，能夠幫助各位真正體會到什麼是佛法。

這裡我用了「希望」和「相信」這兩個不同的詞彙——
「希望」透過講課和解說，讓各位瞭解佛法；
「相信」透過修持，各位能夠體會佛法。

這樣的用法是有深意的。因為佛法的內容博大精深，只是聽課、聽人解說，很難讓我們真正明白或正確領悟到什麼是佛法，所以我說「希望」。然而，我「相信」透過各自的實修，你一定能夠真正體會到佛法。為什麼這麼說呢？就我個人的經驗來說，我一生親近過許多善知識、上師，學習到歷代祖師和根本上師眾多殊勝的口訣和教授。但是我發現，如果只是聽聞而不實修，聽得再多也無法產生太大的利益，但是當我真正去實修這些口訣的時候，我就真正得到了法益。所以各位這幾天的實修非常重要，我「相信」一定能夠為各位帶來利益。

## 人與法要合一，請先做個好人

課程講到這裡，你們聽到了很多佛法。但是，身為一個佛弟

子，最重要的是什麼呢？就是要成為一個好人，不能是一個壞人，這是學佛的根本，是我們首先要做到的。如果沒有做到這一點，就算懂再多的佛理，或者精進的拜佛、繞塔、念經，雖然這些行為都非常好，但因為你不是一個好人，所以這一切的修持都對自他產生不了任何的利益。

所以，雖然時間不多，但我覺得「成為一個好人」非常的重要，這裡我想再做一些補充和提醒。首先，我們要想一下什麼是好人？好人的定義是什麼？我所謂的好人，是指當他見到別人好的時候，他會很開心，這是好人，如果見不得人好，就是個壞人；當別人有難，能夠即時伸出援手的是好人，總是傷害他人的人是壞人；具有同理心的人是好人，自私自利的人是壞人。總而言之，我希望大家想一想：一個既冷漠又自私的學佛之人，他學佛會學得好嗎？他有可能修持成佛嗎？這是絕對不可能的。所以學佛最重要的第一步，就是成為一個好人。

一般我們都覺得自己應該算是個好人，而我也相信各位都不是壞人。但是一個學佛的人，應該懂得反躬自省，其實只要深入觀察，都能發現自己的內心深處，還有許多問題需要修正和改進。總之，成為好人是第一步，在這個基礎之上，我們再談如何修行。那時再依照個人不同的作息時間，安排各自的修行功課。

這裡大家要切記，修行在質不在量，並不是每次修行時間愈長就代表修得愈好。因為作為出家人，自然每天都有充裕的時間做修持，但如果是在家人，每天能修持的時間長短就不一定了，因為每個人的作息時間都不一樣，有的人比較空閒，有的人工作繁忙。但是無論如何，每天一定要抽出時間做到的修持有兩個：一是課誦，二是禪修，而且盡量不要間斷的持續做到。

總而言之，修行的重點在於「佛法和人不能分開」。這句話是什麼意思？「佛法」是說你學到的佛法，「人」就是指你自己，「不能分開」的意思就是要學以致用，要將佛法應用在生活當中。事實上，佛法如果不用在每天的生活，還能用在哪裡呢？所以一定要切實的實踐佛法，這樣才是表裡如一的如法修行人。

以上就是對於初學者的佛法介紹，接下來我會開始講解〈普賢如來願文〉。由於這是一篇內容極為深奧的殊勝願文，為了避免不必要的誤解，我會盡量減少各種離題、冗詞贅句或文不對題的解釋和比喻，而僅在願文上逐字做解說。同樣，因為內容如此深奧，我也建議各位可以攜帶紙筆聽課，多做筆記加深記憶，不然應該很快聽過就忘記了。

第四章　佛為三乘人，宣說解脫法

第三部　溯源篇

# 認出本覺

## 〈普賢如來願文〉釋論

# ཀུན་བཟང་སྨོན་ལམ།
# 〈普賢如來願文〉根本頌

作者：普賢如來／掘藏師：持明‧果吉登楚間／藏譯中：堪布羅卓丹傑

ཐོག་མའི་མཚམས་སྦྱར་བ། གཞུང་དོན་དངོས་བཤད་པ། སྐབས་ཀྱི་དོན་བསྡུ་བའོ། །

壹、 དང་པོ་ནི། (ཐོག་མའི་མཚམས་སྦྱར་བ།)

貳、 གཉིས་པ་གཞུང་དོན་དངོས་བཤད་པ་ལ་གཉིས། འཁོར་འདས་གཞི་ལ་དག་པའི་སྨོན་ལམ་ཁྱད་པར་ཅན་འདེབས་པ་དང་། དེའི་ཕན་ཡོན་ཚོ་ག་དང་བཅས་པ་གསལ་བར་བསྟན་པའོ། །

一、 དང་པོ་ལ་འང་གཉིས། ཏོ་བོ་མངོར་བསྟན་པ་དང་། རང་བཞིན་རྒྱས་པར་དབྱེ་བའོ། །

(一) དང་པོ་ནི། (ཏོ་བོ་མངོར་བསྟན་པ)

ཧོ༔ སྣང་སྲིད་འཁོར་འདས་ཐམས་ཅད་ཀུན༔ གཞི་གཅིག་ལམ་གཉིས་འབྲས་བུ་གཉིས༔
རིག་དང་མ་རིག་ཆོ་འཕྲུལ་ལསཿ                                                            (1)

ཀུན་ཏུ་བཟང་པོའི་སྨོན་ལམ་གྱིསཿ ཐམས་ཅད་ཆོས་དབྱིངས་པོ་བྲང་དུཿ
མངོན་པར་རྫོགས་ཏེ་འཚང་རྒྱ་ཤོགཿ                                                          (2)

本文分為前言、正文、總結三個部分講說

壹、前言[1]

貳、 正文分二：輪涅基上清淨之殊勝祈願、祈願之利益與方式

一、 首先分二：願文大意、詳細解說

(一) 願文大意

奇哉[2]！相有輪涅法，一基二道果，

明無明所變。 (1)


今以普賢願，令於法界宮，

一切成正覺。 (2)

--------

1　編註：本文科判（樹狀結構），為藏文編輯堪布慈仁巴滇依據仁波切上課時「參考第十五世法王噶瑪巴註解講授」所加。
2　藏音為「吹」。

(二) དོན་གཉིས་པ་ (རང་བཞིན་རྒྱས་པར་དབྱེ་བ་) ལ་གཉིས་གཞི་འབྲས་ཀྱི་མཚམས་སྦྱོར་མདོར་བསྟན་པ་དང་། འཁོར་འདས་ཀྱི་བྱེ་ཚུལ་རྒྱས་པར་བཤད་པའོ། །

1.    དང་པོ་ (གཞི་འབྲས་ཀྱི་མཚམས་སྦྱོར་མདོར་བསྟན་པ་) ནི།
གུན་གྱི་གཞི་ནི་འདུས་མ་བྱས༔ རང་བྱུང་ཀློང་ཡངས་བརྗོད་དུ་མེད༔
འཁོར་འདས་གཉིས་ཀའི་མིང་མེད་དོ༔                                         (3)

དེ་ཉིད་རིག་ན་སངས་རྒྱས་ཏེ༔ མ་རིག་སེམས་ཅན་འཁོར་བར་འཁྱམས༔
ཁམས་གསུམ་སེམས་ཅན་ཐམས་ཅད་ཀྱིས༔ བརྗོད་མེད་གཞི་དོན་རིག་པར་ཤོག༔         (4)

2.    ཉིས་པ་ (འཁོར་འདས་ཀྱི་བྱེ་ཚུལ་རྒྱས་པར་བཤད་པ་) ལ་གཉིས། གུན་ཏུ་བཟང་པོའི་སྒྲོལ་ཚུལ་ལ་
བརྟེན་ནས་ཡེ་ཤེས་མཐར་རྒྱས་པའི་སྟོན་ལམ་དང་།    མ་རིག་སེམས་ཅན་འཁྲུལ་ཚུལ་ལ་བརྟེན་ནས་
འཁོར་བ་དོང་ནས་སྒྲུགས་པའི་སྟོན་ལམ་མོ། །

(1)    དང་པོ་ལ་གསུམ།    ཀ་དག་ཁྱད་ཆོས་དྲུག་ལྡན་གྱི་སྒོ་ནས་ཀུན་ཏུ་བཟང་པོའི་གོ་འཕང་མངོན་དུ་བྱེད་
པའི་ཚུལ། སྣང་གྲུབ་སྐུ་དང་ཡེ་ཤེས་ཀྱི་རྣམ་པར་མངོན་སངས་རྒྱས་ཚུལ། གང་འདུལ་ཐབས་མཁས་
ཀྱི་སྒྱུལ་པ་སྤྲ་ཚོགས་པས་འགྲོ་བའི་དོན་བྱེད་ཚུལ།

（二）詳說分二：略說基與果的關聯，詳說輪涅之分離

**1.　略說基與果的關聯**

根元本無為，法爾廣離言，

無世出世名。　　　　　　　　　　　　　　　　　　　　　(3)


明此即佛陀，無明而流轉；

願三界有情，皆明離言義。　　　　　　　　　　　　　　(4)

**2.　詳說輪涅之分離分二：**祈願「依普賢之解脫而開展本智」、祈願「依無明眾生之錯亂而清淨輪迴」

**(1)　**祈願「依普賢之解脫而開展本智」分三：祈願「從輪迴邊，透過具有本淨的六種特殊功德，而開顯普賢王如來之果位」、祈願「從涅槃邊，任運五身五智自相成佛」、以方便善巧的「應化身」利益眾生

A. གདག་ཁྱད་ཆོས་དྲུག་ལྡན་གྱི་སྐྲོ་ནས་ཀུན་ཏུ་བཟང་པོའི་གོ་འཕང་མངོན་དུ་བྱེད་པའི་ཆུལ།

ཀུན་ཏུ་བཟང་པོ་ང་ཉིད་ཀྱང་༔ རྒྱུ་རྐྱེན་མེད་པ་གཞི་ཡི་དོན༔

དེ་ཉིད་གཞི་ལ་རང་བྱུང་རིག༔ ཕྱི་ནང་སྒྲོ་སྐུར་སྐྱོན་མ་བཏགས༔

དྲན་མེད་སྨྱོན་པའི་སྐྱོན་མ་གོས༔ དེ་ཕྱིར་རང་སྣང་སྐྱོན་མ་གོས༔ (5)


རང་རིག་ས་ལ་གནས་པ་ལ༔ སྲིད་གསུམ་འཇིགས་ཀྱང་དངངས་སྐྲག་མེད༔

འདོད་ཡོན་ལྔ་ལ་ཆགས་པ་མེད༔ རྟོག་མེད་ཤེས་པ་རང་བྱུང་ལ༔

གདོས་པའི་གཟུགས་དང་དུག་ལྔ་མེད༔ (6)


B. སྤྲུལ་བྲུབ་སྐུ་དང་ཡེ་ཤེས་ཀྱི་རང་སྣང་རྣམ་པར་བཀོད་པས་མངོན་པར་རྫོགས་པར་སངས་རྒྱས་ཆུལ་

གྱི་སྐོན་ལས།

རིག་པའི་གསལ་ཆ་མ་འགགས་པས༔ ཌོ་བོ་གཅིག་ལ་ཡེ་ཤེས་ལྔ༔

ཡེ་ཤེས་ལྔ་པོ་སྨིན་པ་ལས༔ ཕོག་པའི་སངས་རྒྱས་རིགས་ལྔ་བྱུང༔ (7)


དེ་ལས་ཡེ་ཤེས་མཐའ་རྒྱས་པས༔ སངས་རྒྱས་བཞི་བཅུ་ཪྩ་གཉིས་བྱུང༔

ཡེ་ཤེས་ལྟུ་ཡེ་རྩལ་ཤར་བས༔ ཁྲག་འཐུང་དུག་ཅུ་ཐམ་པ་བྱུང༔ (8)

A. 　祈願「從輪迴邊，透過具有本淨的六種特殊功德，而開
　　　顯普賢王如來之果位」

普賢吾亦然，基義無因緣，
了此法爾覺。離內外增損，
離無念闇垢，故自無過染。 　　　　　　　　　　　　　(5)


<u>自明原安住，世壞亦無畏，</u>
不著五塵境。無別識法爾，
無色無五毒。 　　　　　　　　　　　　　　　　　(6)

B. 　祈願「從涅槃邊，任運五身五智自相成佛」

本覺明不滅，一性圓五智，
由五智成熟，出生初五佛。 　　　　　　　　　　　(7)


由此智漸廣，四二文佛生，
五智力運行，六十武尊生。 　　　　　　　　　　　(8)

དེ་ཕྱིར་གཞི་རིག་འཕྲུལ་མ་སྒྱིངྷ ཐིག་མའི་སངས་རྒྱས་ང་ཡིན་པསྷ
ང་ཡི་སྤྲུན་ལས་བཏབ་པ་ཡིསྷ ཁམས་གསུམ་འཁོར་བའི་སེམས་ཅན་ཀྱིསྷ
རང་བྱུང་རིག་པ་དོ་ཤེས་ནསྷ ཡེ་ཤེས་ཆེན་པོ་མཐའ་རྒྱས་ཤོགྷ (9)

C.    གཉིས་པ་གཞན་སྣང་སྤྲུལ་པ་འགྱེད་ཚུལ་གྱི་སྨོན་ལམ་ནི།
ང་ཡི་སྤྲུལ་པ་རྒྱུན་མི་ཆདྷ བྱེ་བ་ཕྲག་བརྒྱ་བསམ་ཡས་འགྱེདྷ
གང་ལ་གང་འདུལ་སྣ་ཚོགས་སྟོནྷ ང་ཡི་ཕྲུགས་རྗེའི་སྨོན་ལམ་གྱིསྷ
ཁམས་གསུམ་འཁོར་བའི་སེམས་ཅན་ཀུནྷ རིགས་དྲུག་གནས་ནས་འཁོན་པར་ཤོགྷ (10)

(2)    གཉིས་པ་མ་རིག་སེམས་ཅན་འཁྲུལ་ཚུལ་ལ་བརྟེན་ནས་འཁོར་བ་དོང་སྒྲུགས་ཀྱི་སྨོན་ལམ་ལ་གཉིས།
མཚན་ཉིད་རྒྱས་པར་བཤད་པ་དང་། སྐབས་དོན་མདོར་བསྡུ་བའོ། །

A.    དང་པོ་ལ་གསུམ། གཞི་དང་བདག་གཅིག་པའི་མ་རིག་ཡེ་ཤེས་སུ་གྲོལ་བར་སྨོན་པ་དང་། སྐུན་སྐྱེས་
ཀྱི་མ་རིག་པ་དང་ཀུན་བཏགས་ཀྱི་འཁྲུལ་པ་རིག་པ་ཡེ་ཤེས་ཀྱི་དོ་བོར་སྨོན་པ་དང་། འཁྲུལ་པའི་རྟེན
འབྲེལ་དུག་ལུ་རང་གྲོལ་གྱི་སྨོན་ལམ་མོ།

(A)    དང་པོ་ (གཞི་དང་བདག་གཅིག་པའི་མ་རིག་ཡེ་ཤེས་སུ་གྲོལ་བར་སྨོན་པ་) ལ།
དང་པོ་སེམས་ཅན་འཁྲུལ་པ་རྣམསྷ གཞི་ལ་རིག་པ་མ་ཤར་བསྷ
ཅི་ཡང་དྲན་མེད་ཐོམ་མེ་བཿ དེ་ཀ་མ་རིག་འཁྲུལ་པའི་རྒྱུཿ (11)

基明未曾迷，我即本初佛，

由我發此願，三界諸有情，

了知法爾明，大智邊圓滿。　　　　　　　　　　　　　　　(9)

C.　　以方便善巧的「應化身」利益眾生

我之幻化身，俱胝不思議，

相續隨類現，以我大悲願，

流轉三界眾，解脫六趣道。　　　　　　　　　　　　　　(10)

(2)　　祈願「依無明眾生之錯亂而清淨輪迴」分二：詳說定義、
　　　　本段之結語

A.　　詳說定義分三：祈願眾生「從俱生無明與遍計無明中解
　　　　脫」、祈願了知「二種無明為明覺本智之自性」、錯亂
　　　　緣起五毒自解脫

(A)　　祈願眾生「從俱生無明與遍計無明中解脫」

迷亂初有情，基明未顯故，

昏沒而盲冥，此即無明因。　　　　　　　　　　　　　　(11)

དེ་ལ་ཅུང་ཀྱིས་བརྒྱལ་བ་ལས༔ དངངས་སྐྲགས་ཤེས་པ་ཟ་ཟི་འགྱུས༔

དེ་ལས་བདག་གཞན་དགྲར་འཛིན་སྐྱེས༔ བག་ཆགས་རིམ་བཞིན་བརྟས་པ་ལས༔

འཁོར་བ་ལུགས་སུ་འཇུག་པ་བྱུང་༔ དེ་ལས་ཉོན་མོངས་དུག་ལྔ་རྒྱས༔

དུག་ལྔའི་ལས་ལ་རྒྱུན་ཆད་མེད༔ (12)

དེ་ཕྱིར་སེམས་ཅན་འཁྲུལ་པའི་གནི༔ རྒྱུ་མེད་མ་རིག་ཡིན་པའི་ཕྱིར༔

སངས་རྒྱས་ང་ཡི་སྨོན་ལམ་གྱིས༔ ཀུན་གྱིས་རིག་པ་ངོ་ཤེས་ཤོག༔ (13)

(B) གཉིས་པ་(མ་རིག་གཉིས་ཀྱི་རྣམ་བཞག་གསལ་བར་བསྟན་ནས་དེ་ཉིད་རིག་པ་ཡེ་ཤེས་ཀྱི་ངོ་བོར་ཤེས་པར་སྨོན་པ་)ནི།

ལྷན་ཅིག་སྐྱེས་པའི་མ་རིག་པ༔ ཤེས་པ་དྲན་མེད་ཡེངས་པ་ཡིན༔

ཀུན་ཏུ་བཏགས་པའི་མ་རིག་པ༔ བདག་གཞན་གཉིས་སུ་འཛིན་པ་ཡིན༔

ལྷན་ཅིག་ཀུན་བཏགས་མ་རིག་གཉིས༔ སེམས་ཅན་ཀུན་གྱི་འཁྲུལ་གཞི་ཡིན༔ (14)

སངས་རྒྱས་ང་ཡི་སྨོན་ལམ་གྱིས༔ འཁོར་བའི་སེམས་ཅན་ཐམས་ཅད་ཀྱི༔

རྒྱུ་མེད་འཐིབས་པའི་མུན་པ་སངས༔ གཉིས་སུ་འཛིན་པའི་ཤེས་པ་དྭངས༔

རིག་པའི་རང་ངོ་ཤེས་པར་ཤོག༔ (15)

此中忽昏迷，怖畏俗心生，

自他仇執生，習氣漸增熏，

復沒生死流，五毒煩惱增，

五毒業不斷。　　　　　　　　　　　　　　　　　　　　(12)

是故迷亂基，即為昏無明，

以我大願力，皆得識明覺。　　　　　　　　　　　　　　(13)

**(B)**　祈願了知「二種無明為明覺本智之自性」

俱生之無明，昏沒渙散識。

遍計之無明，妄執有自他。

此二無明闇，有情錯亂基。　　　　　　　　　　　　　　(14)

以我大願力，輪迴有情眾，

發矇除盲闇，二執得清淨，

得識明覺貌。　　　　　　　　　　　　　　　　　　　　(15)

(C) གསུམ་པ་འཆལ་བའི་རྟེན་འབྲེལ་དུག་ལྷུ་རང་གྲོལ་དུ་འགྱུར་བའི་སྨོན་ལམ་ལ་ལྔ་ལས།

a.    དང་པོ་འདོད་ཆགས་ཀུན་རྟོག་ཡེ་ཤེས་སུ་རོ་སྙོད་པའི་སྨོན་ལམ་ནི།
གཉིས་འཛིན་སྦྲོ་ནི་ཕེ་ཆོམ་སྟེ༔ ཞེན་པ་ཕྲ་མོ་སྐྱེས་པ་ལས༔
བག་ཆགས་འཐུག་པོ་རིམ་གྱིས་བརྟས༔ ཐམ་ཆེར་གོས་དང་གནས་དང་གྲོགས༔
འདོད་ཡོན་ལྔ་དང་བྲམས་པའི་གཉེན༔ ཡིད་འོང་ཆགས་པའི་འདོད་པས་གདུངས༔
དེ་དག་འཛིག་རྟེན་འཁྲུལ་པ་སྟེ༔ གཟུང་འཛིན་ལས་ལ་ཟད་མཐའ་མེད༔          (16)

ཞེན་པའི་འབྲས་བུ་སྨིན་པའི་ཆེ༔ ཆམ་ཆགས་གདུང་བའི་ཡི་དྭགས་སུ༔
སྐྱེས་ནས་བགྲེས་སྐོམ་ཡ་རེ་ང༔                              (17)

སངས་རྒྱས་ང་ཡི་སྨོན་ལམ་གྱིས༔ འདོད་ཆགས་ཞེན་པའི་སེམས་ཅན་རྣམས༔
འདོད་པའི་གདུང་བ་ཕྱིར་མ་སྤངས༔ འདོད་ཆགས་ཞེན་པ་ཆུར་མ་བླང༔
ཤེས་པ་རང་སོར་སྙོད་པ་ཡིས༔ རིག་པ་རང་སོ་ཟིན་གྱུར་ནས༔ ཀུན་རྟོག་ཡེ་ཤེས་ཐོབ་པར་ཤོག༔          (18)

b.    གཉིས་པ་ཞེ་སྡང་འོད་གསལ་དུ་རོ་སྙོད་པའི་སྨོན་ལམ་ནི།
ཕྱི་རོལ་ཡུལ་གྱི་སྣང་བ་ལ༔ འཇིགས་སྐྲག་ཤེས་པ་ཕྲ་མོ་འགྱུས༔
སྡང་བའི་བག་ཆགས་བརྟས་པ་ལས༔ དགར་འཛིན་བརྟེག་གསོད་ཐུག་པ་སྐྱེས༔          (19)

(C)　錯亂緣起五毒自解

a.　祈願「貪愛解脫為妙觀察智」
二執疑惑心，出生微細貪，
漸熏增重習，食財衣住友，
慈親五妙欲，貪愛生苦惱，
盡皆世迷亂，能所業無盡。　　　　　　　　　(16)


貪果業成熟，即生為餓鬼，
饑渴實可憫。　　　　　　　　　　　　　　(17)


以我祈願力，貪愛諸有情，
無需捨欲求，無需取貪愛，
放鬆住本然，悟達明覺性，願得分別智。　　(18)

b.　祈願「嗔恨解脫為大圓鏡智」
於外境相上，微細懼心起，
增熏嗔習氣，以致暴戾生。　　　　　　　　(19)

ཞེ་སྡང་འབྲས་བུ་སྨྱིན་པའི་ཚེ༔ དམྱལ་བའི་བཙོ་བསྲེག་སྡུག་རེ་བསྔལ༔ (20)

སངས་རྒྱས་ང་ཡི་སྤྲུལ་ལམ་གྱིས༔ འགྲོ་དྲུག་སེམས་ཅན་ཐམས་ཅད་ཀྱི༔
ཞེ་སྡང་དྲག་པོ་སྐྱེས་པའི་ཚེ༔ སྡང་སྐྲག་མེ་བྱུ་རང་སོར་སྐྱོང༔
རིག་པ་རང་སོ་ཟིན་གྱུར་ནས༔ གསལ་བའི་ཡེ་ཤེས་ཐོབ་པར་ཤོག༔ (21)

c.    གསུམ་པ་ང་རྒྱུ་མཚན་ཉིད་དུ་གྲོལ་བའི་སྨོན་ལམ་ནི།
རང་སེམས་ཁེངས་པར་གྱུར་པ་ལ༔ གཞན་ལ་འགྲན་སེམས་སྐྱེད་པའི་བློ༔
ང་རྒྱལ་དྲག་པོའི་སེམས་སྐྱེས་པས༔ བདག་གཞན་འཐབ་ཙོད་སྡུག་བསྔལ་སྐྱོང༔ (22)

ལས་དེའི་འབྲས་བུ་སྨྱིན་པའི་ཚེ༔ འཐོ་ལྟུང་མྱོང་བའི་ལྷ་རུ་སྐྱེ༔ (23)

སངས་རྒྱས་ང་ཡི་སྨོན་ལམ་གྱིས༔ ཁེངས་སེམས་སྐྱེས་པའི་སེམས་ཅན་རྣམས༔
དེ་ཚེ་ཤེས་པ་རང་སོར་སྐྱོང༔ རིག་པ་རང་སོ་ཟིན་གྱུར་ནས༔ མཉམ་པ་ཉིད་ཀྱི་དོན་རྟོགས་ཤོག༔ (24)

d.    བཞི་པ་ཕྱག་དོག་བུ་གྲུབ་ཡེ་ཤེས་སུ་གྲོལ་བའི་སྨོན་ལམ་ནི།
གཉིས་འཛིན་བཟུང་པའི་བག་ཆགས་ཀྱིས༔ བདག་བསྟོད་གཞན་སྨོད་རྣག་ཏུ་ལས༔
འཐབ་ཙོད་འགྲན་སེམས་བཏང་པ་ལས༔ གསོད་གཅོད་ལྷ་མིན་གནས་སུ་སྐྱེས༔
འབྲས་བུ་དམྱལ་བའི་གནས་སུ་ལྟུང༔ (25)

嗔果成熟時，地獄燒煮苦。 (20)

以我大願力，六道有情眾，
嗔起莫迎拒，放鬆住本然，
悟達明覺性，得證清明智。 (21)

c.　　祈願「我慢解脫為平等性智」
心起傲慢時，爭強輕他人，
因此傲慢心，自他鬥爭苦。 (22)

業熟生天道，領受衰墮苦。 (23)

以我大願力，有情生慢時，
放鬆住本然，悟達明覺性，得悟平等性。 (24)

d.　　祈願「嫉妒解脫為成所作智」
二執增熏習，讚自毀傷他，
增生好鬥心，故生庾修羅，
其果墮地獄。 (25)

སངས་རྒྱས་ང་ཡི་སྐྱོན་ལམ་གྱིས༔ འགྲན་སེམས་འཕབ་ཆེད་སྐྱེས་པ་རྣམས༔

དགྲར་འཛིན་མི་བྱུ་རང་སོར་སྐྱོར༔ ཤེས་པ་རང་སོ་ཟིན་གྱུར་ནས༔

ཕྲིན་ལས་ཕྱོགས་མེད་ཡེ་ཤེས་ཤོག༔ (26)


e.    ལུ་པ་གཏི་མུག་ཚོས་དབྱིངས་ཡེ་ཤེས་སུ་གྲོལ་བར་སྐྱོན་པ་ནི།

དུན་མེད་བཏང་སྙོམས་ཡེངས་པ་ཡིས༔ འཐིབས་དང་རྨུགས་དང་བརྗེད་པ་དང༔

བཀྱལ་དང་འེ་ལོ་གཏི་མུག་པས༔ འབྲས་བུ་རྨུགས་མེད་ཕྱོ་སོར་འཁྱམས༔ (27)


སངས་རྒྱས་ང་ཡི་སྐྱོན་ལམ་གྱིས༔ གཏི་མུག་ཐིང་པའི་ཤུན་པ་ལ༔

དུན་པ་གསལ་བའི་མདངས་ཤར་བས༔ ཏིག་མེད་ཡེ་ཤེས་ཐོབ་པར་ཤོག༔ (28)


B.    མ་རིག་འཁྲུལ་ཆལ་ལ་བརྟེན་ནས་འཁོར་བ་དོང་སྤྲུགས་ཀྱི་སྐྱབས་དོན་བསྟུན་ཏེ་སྐྱོན་པ་ནི།

ཁམས་གསུམ་སེམས་ཅན་ཐམས་ཅད་ཀུན༔ ཀུན་གཞི་སངས་རྒྱས་ང་དང་མཉམ༔

དུན་མེད་འཁྲུལ་པའི་གཞི་རུ་སོང་༔ ད་ལྟ་དོན་མེད་ལས་ལ་སྤྱོད༔ ལས་དྲུག་སྒྱི་ལམ་འཁྲུལ་པ་འདྲ༔ (29)


ད་འི་སངས་རྒྱས་ཐོག་མ་ཡིན༔ འགྲོ་དྲུག་སྤྲུལ་པས་འདུལ་བའི་ཕྱིར༔

ཀུན་ཏུ་བཟང་པོའི་སྐྱོན་ལམ་གྱིས༔ སེམས་ཅན་ཐམས་ཅད་མ་ལུས་པ༔

ཆོས་ཀྱི་དབྱིངས་སུ་འཚང་རྒྱ་ཤོག༔ (30)

以我大願力，爭強好鬥者，

莫執住本然，悟達識本元，

得業無礙智。 (26)

e.　　祈願「愚痴解脫為法界智」

昏沒心渙散，麻木鈍遺忘，

昏迷懈怠痴，故生畜生道。 (27)


以我大願力，愚痴之昏闇，

成為念光明，得證無別智。 (28)

B.　　祈願「依無明眾生之錯亂而清淨輪迴」之結語

三界諸有情，本基與我同，

今成昏亂基，造作無義業。六業如幻夢。 (29)


我乃本初佛，為化六道故，

以此普賢願，廣度有情眾，

法界中成佛。 (30)

二、 གཉིས་པ་སྟོན་ལམ་གྱི་པན་ཡོན་དང་ཚོགས་བསྔོ་བ་ལ། སྐྱོས་མེད་ཀྱི་སྟོན་ལམ་དང་། སྐྱོས་བཅས་ཀྱི་ སྟོན་ལམ་དང་ཚོགས་བསྔོ་བའོ། །

(一) དང་པོ་(སྐྱོས་མེད་ཀྱི་སྟོན་ལམ་)ནི།

ཨ་ཧོཿ ཕྲིན་ཆད་རྣལ་འབྱོར་སྦྱོབས་ཅན་གྱིསཿ འཁྲུལ་མེད་རིག་པ་རང་གསལ་ནསཿ

སྟོན་ལམ་སྦྱོབས་ཅན་འདི་བཏབ་པསཿ འདི་ཐོས་སེམས་ཅན་ཐམས་ཅད་ཀུནཿ

ས་བ་གསུམ་ནས་མངོན་འཚང་རྒྱཿ (31)

(二) གཉིས་པ་(སྐྱོས་བཅས་ཀྱི་སྟོན་ལམ་དང་ཚོགས་བསྔོན་པ་)ལ། འདོན་པའི་དུས་དང་། སྟོན་ལམ་ཇི་ལྟར་ གདབ་པའི་ཆུལ་བསྔན་པའོ། །

1.   དང་པོ་འདོན་པའི་དུས་ནི།

ཉེ་ཟླ་གཟའ་ཡིས་ཟིན་པའམཿ སྐྱ་དང་ས་གཡོས་བྱུང་བའམཿ ཉེ་མ་སྟོག་འགྱུར་ལོ་འཕོ་དུསཿ (32)

2.   གཉིས་པ་སྟོན་ལམ་ཇི་ལྟར་གདབ་པའི་ཆུལ་ནི།

རང་ཉིད་ཀུན་ཏུ་བཟང་པོར་བསྐྱེདཿ ཀུན་གྱིས་ཐོས་པར་འདི་བརྗོད་ནཿ

ཁམས་གསུམ་སེམས་ཅན་ཐམས་ཅད་ལཿ རྒྱལ་འགྱོར་དེ་ཡི་སྟོན་ལམ་གྱིསཿ

སྲུག་བསྐུལ་རིམ་བཞིན་གྲོལ་ནས་ཀྱང་ཿ མཐར་ཏུ་སངས་རྒྱས་ཐོབ་པར་འགྱུརཿ (33)

二、 祈願之利益與方式分二：簡要祈願法、複雜祈願法

（一）簡要祈願法

妙哉！爾後力行者，無謬覺自顯，

發此大力願，聞此諸有情，

三生證佛果。 (31)

（二）複雜祈願法分二：念誦祈願的時間、如何祈願

1. 念誦祈願的時間

日蝕或月蝕，聲震冬夏至，亦或轉年際。 (32)

2. 如何祈願

自觀為普賢，念誦令眾聞。

三界有情眾，依此誓願力，

得脫一切苦，終成佛果位。 (33)

## 三、 སྤྱི་དོན་གསུམ་པ་སྐབས་ཀྱི་དོན་བསྡུ་བ་ནི།

རྫོགས་པ་ཆེན་པོ་ཀུན་ཏུ་བཟང་པོའི་དགོངས་པ་ཟང་ཐལ་དུ་བསྟན་པའི་རྒྱུད་ལས། སྨོན་ལམ་སྟོབས་པོ་ཆེ་བཏབ་པས་སེམས་ཅན་ཐམས་ཅད་འཚང་མི་རྒྱ་བའི་དབང་མེད་པར་བསྟན་པའི་ལེ་ཚན་དགུ་པ་ཤོལ་དུ་བྱུང་བའོ། །

三、 總結

此文節錄自大圓滿《普賢密義穿透教示續》之第九品〈發大
力願廣利一切有情必定成佛品〉。

〈普賢如來願文〉根本頌

# 第一章

# 願文大意

普賢如來說：
希望自己祈願三界盡得解脫的大願，
能讓本俱果時一切身、智功德的如母眾生，
在法界大樂的宮殿或任運的宮殿中，究竟圓滿成佛。

# 壹，前言[1]

這部願文出自北巖藏《普賢密義穿透教示續》，內容分為前言、正文、總結三個部分講說。

本初怙主普賢王如來的這篇祈願文，屬於佛經、伏藏、淨觀當中的伏藏法。一般來說，伏藏法都是由伏藏師所取出，從古至今出現過非常多的伏藏大師，在不同的時間和地點裡，掘取出豐富的伏藏。過去有一位得到過蓮師親口的授記，名為持明・果吉登楚間（rig 'dzin rgod kyi ldem 'phru can，

---

1　編註：第三部溯源篇，標題前綴中文數字、阿拉伯數字、英文字者，為藏文科判之標題。依新式標註重新標明層級，使讀者更易理解。

1337－1408）<sup>2</sup>的著名伏藏大師，由他所取出的著名甚深伏藏，名為「北巖藏」。這部願文就是出自「北巖藏」當中的《大圓滿普賢密義穿透教示續》的第九品。

在我們正式講解正文之前，我想先解釋一下什麼是「祈願文」。佛教當中有非常多的祈願文，例如〈普賢行願品〉、〈慈氏願文〉、〈大手印祈願文〉等，透過這些殊勝優美的願文，我們都能夠感受到諸佛菩薩的大悲加持。由於佛菩薩們各自深廣的發心和誓言有所不同，每部願文都有各自的特點，然而當中共同的祈願都是：希望眾生離苦得樂、成就圓滿的佛果。

這次課程的願文，是普賢王如來所發的願，內容是佛法的見、修、果的修行次第，也就是說透過祈願的方式，希望眾生能夠悟入佛法的見、修、果，圓滿所有佛法修行的次第。所以，當我們念誦這部願文的同時，如果能夠思惟其中的含意，這本身就是非常好的修行。

# 貳，正文

願文正文分為兩個部分：
一、輪涅基上清淨之殊勝祈願；
二、祈願之利益與方式。

---

2　仁增果吉登楚間（ རིག་འཛིན་ཆོད་ཀྱི་ལྡེམ་འཕྲུ་ཅན་ ），意譯為「具有禿鷹羽毛者」。別名鄂珠堅贊，意譯為「成就幢幡」。生於後藏昂仁縣，是寧瑪派著名的伏藏大師。

# 一、輪涅基上清淨之殊勝祈願

輪涅之基清淨可再細分為：

(一)願文大意：輪涅萬法不僅果上清淨，基礎眾生位時亦自性本來清淨；
(二)詳細解說。

## (一) 願文大意

**奇哉！相有輪涅法，一基二道果，明無明所變。（1）**

奇哉，藏音為「吹」，是「哎瑪吹」的略語，是表示驚嘆和喜悅的一個詞彙。有點類似我們平時感到驚訝時會說的「哇」，或者義大利文當中的「媽媽咪呀」一樣。參照一些密續的經典，像是《日光獅子》、《除黯》等典籍當中的解釋來看，「哎瑪吹」有稀奇、心滿意足、心生歡喜等多種含義。

接著解釋「相有輪涅法，一基二道果」兩句的意思。

首先解釋「相」的意思。「相」是由凡夫眾生的妄念所安立、施設，同時映現於自心之上的一切顯相，像是由地、水、火、風、空等五大組合而成的外器世間和內情眾生。「有」的意思

有兩種，一是指上方的「天有」、中間的「人有」和下方的「龍有」，或者是地下、地上和天上等三有。

接著「輪涅」當中的「輪」是指由煩惱習氣而成的三界六道、四生五趣等輪迴當中的情器萬法。「涅」是徹底平息輪迴的根本，如我執等煩惱和業力的涅槃果位。以上是第一句的意思。

接著第二句是說：當我們了悟了輪涅萬法的時候，就是所謂的成佛，沒有了悟的話就是輪迴，換句話說，迷悟都是依據一個共同的基礎而生，這就是「一基」的意思。「一基」的另一個意思是，就算是受到煩惱牽制的不淨凡夫，無始以來也本然具足普賢如來果位的一切身、智的功德，絲毫沒有受到煩惱的沾染。因此，迷惑的凡夫和覺悟的普賢如來，基本上完全沒有好壞優劣之分，因此稱為「一基」。

「二道」指的是「成熟」與「解脫」二道。藉由累積資糧、淨除罪障，幫助自己的身、口、意三門得到調柔而堪能起修，這就是「成熟」的意思；藉由止觀禪定之法，幫助我們從煩惱的繫縛和網羅中解脫，這就是「解脫」之意。另外一種解釋是，「二道」是指「證悟」和「解脫」二道：從究竟的角度而言，眾生本自清淨，從未被貪等煩惱染污、繫縛過，這就是「解脫」的意思；而眾生本來為佛，這就是「證悟」之意。

在大圓滿法的用詞裡面，「二道」是指「開顯法身普賢果位之

道」，意思是能讓一切輪涅迷悟的根本、無記「基」的自性得以開顯的道法；相對而言就是「輪迴之道」。

覺悟了「基」的自性，就成就了「普賢果」；沒有覺悟的話就是「輪迴果」。進一步解釋來說，無記的「基」也稱為「任運壇城」，它會自然顯現各種相，而當基相顯現的時候，如果認識出它就是基相，意思是認識出這些相都是自心明覺的自顯相，這就稱為覺悟，這時也就成就了究竟的「普賢王如來果位」；如果沒有認識出基相，而誤以為相是「基」之外的東西，這就是「輪迴果」。

「明無明所變」的「明」，意思是明瞭、認識出基相即是自顯相，而令普賢涅槃的結果得以開顯，而「無明」則是指沒有認識出這個基相，因而變現出輪迴的幻相。

這裡附帶講一下，普賢如來有許多別名，像是本初佛、第一佛等。一般來說，本淨大圓滿法，是屬於最上根器者的法門，所以其中的名相術語也極為高深，不是一般人能夠領會的。所以，我這裡用白話來解說一下，例如「第一佛」的意思是，當你成佛的時候，因為之前沒有成佛過，而現在成佛了，所以就自身的角度來說，你就是第一佛，我是沒有聽說有人「再次成佛」的。雖然透過淺顯的解釋，各位容易領會，但也因此讓一些隱密和重要的意義流失掉，但這也是沒辦法的，由於我們還不具備能夠領會深意的福德，尤其修行還不

到位、無法領會箇中深意，所以我們才說某段經文或者法義的內容深奧、複雜。然而當自己的修證到位了，再複雜的內容也會變為簡單易懂。換句話說，內容的深淺難易主要取決於行者各自的修為，而不是內容本身。總之，我們現在不僅修證沒有到位，而且還差的非常遠。

**今以普賢願，令於法界宮，一切成正覺。（2）**

這篇願文是普賢王如來所發的，所以這裡普賢如來說：希望自己祈願三界盡得解脫的大願，能讓本俱果時一切身、智功德的如母眾生，在根基上，也就是法界大樂的宮殿或任運的宮殿當中，究竟圓滿成佛。

為什麼說眾生本俱果時的一切功德呢？我們可以用鵬鳥來做說明。鵬鳥有兩個特質，一是當牠剛剛孵化出來的時候，就已經能夠飛行，因為牠的身體已經完整具備飛行的能力。第二是牠能夠無風飛行，並且自在地在各大洲之間翱翔。所以當我們說「圓滿成佛」的時候，這句話的意思是眾生本俱圓滿的「佛的功德」，所以成佛是指眾生從一切暫時、可消除的迷惑中出離，而本俱的佛德能夠自然展現。「法界任運大樂的壇城」的意思是，就像是一切有情、無情皆依於虛空，而輪涅萬法的所依基礎，就是法界任運大樂的壇城。

# 第二章

# 詳說「基與果的關聯」與
# 「輪涅之分離」

要把握這難得的人身，在佛法修持上全力以赴，
無論是微小的修行，像是生起一念善心，
到廣大精進的修持，像是修持甚深的口訣，
如果都能全力以赴，那麼就算今晚死去，也將無悔。

## (二) 詳細解說

〈普賢如來願文〉詳說分二，分別為：

1. 基與果的關聯；
2. 詳說輪涅之分離。

## 1.基與果的關聯

根元本無為，法爾廣[1]離言，無世出世名。(3)

---

1 ཆོས་དབྱིངས། 「譬如真如，體性寬廣，遍一切法。」出自《華嚴經》。

這一段說明根基和果位的關聯性。<u>首先「根元」就是指「如來藏」，它是一切的基礎，然如來藏並非因緣和合而成，所以是「無為」，也因此說是「法爾」、自然。同時它不落於任何一邊，就像虛空一樣寬廣無邊，因此說是「廣」。</u>由於遠離一切的言詮形容和思惟分別，因此說是「離言」。因此，在這個基礎裡，不僅世間輪迴和出世間涅槃的一切萬法皆非實有，甚至連世間、出世間的名字都沒有。

## 2.詳說輪涅之分離

明此即佛陀，無明而流轉；願三界有情，皆明離言義。(4)

當我們明瞭或認識出上面提到的輪涅一切根基，也就是任運壇城的時候，即是成就普賢王如來的果位；沒有認識出基相顯現的凡夫眾生，就會受到煩惱習氣的牽引，而在三界輪迴當中流轉。因此這裡祈願三界一切有情，都能明瞭遠離言詮和思議的根基、無為法之義。

## (1)祈願「依普賢之解脫而開展本智」

### A. 祈願「從輪迴邊，透過具有本淨的六種特殊功德，而開顯普賢王如來之果位」

由於勝義遠離一切的戲論，因此也沒有輪迴和涅槃之分，但

是就未經觀察的名言世俗層面來說，已經成佛的佛陀，和我們還在輪迴的眾生，是不同的情況。因此接下來的祈願，就是從輪迴和涅槃兩個不同層面，祈願眾生開顯本淨普賢的果位。

　　普賢吾亦然，基義無因緣，了此法爾覺。
　　離內外增損，離無念闇垢，故自無過染。(5)

本來即是怙主普賢王如來的我自身，因為明瞭、認識出無因緣的無為法、縛解之源、無記的基相顯現之義，即是法爾自然的明覺，因而得證了普賢王的果位。「普賢王如來」是指果上的佛，「吾」是指因上的佛，這一句的意思是普賢王如來說他自己明瞭「根基義」，這裡的根基就是之前解釋過的「一基」，它非因緣和合而成，是無為法。「此性」是說根基的本性，是自性清淨的，而由於明瞭此自生法性，因此得以成就普賢王如來的果位。

接著「離內外增損」的意思是，由於我明瞭並安住於此根基法爾清淨、本自性空，因此遠離一切內外、有無、是非等增損過失的染污；「增」指的是執著一切實有、恆常的常見，「損」指的是對於世間清淨正見的詆毀。同時，這樣的根基並不是什麼都沒有，因此下一句說「離無念闇垢」，意思是從未受到無念、無明痴闇垢障的染污，換句話說，念念清晰且都是法爾明覺的體現。因此我徹底遠離「以前未成佛，現在成佛」等

二元執著的一切過患，所以說是「自無過染」。

> (自明原安住，世壞亦無畏)，不著五塵境。
> 無別識法爾，無色無五毒。(6)

接著普賢王如來說道：由於自己在原本的根基——任運壇城法身普賢王如來，也就是大手印法門當中常說的遠離造作與破立的「平常識」，或這裡大圓滿常用的詞彙——鮮明的「自明」、自覺上安住，因此，就算三界、世間剎那間壞滅，也絲毫不會感到畏懼和害怕。

我們一般人最害怕的就是改變、無常，例如失去本來屬於自己的東西，或者遇到自己不喜歡的事情、想要的卻得不到等。所以普賢如來說他自己就算遇到整個世間都壞滅，也絲毫沒有恐懼，原因是什麼呢？就是因自明本智、普賢王如來、鮮活的法身是從來不會改變和動搖的。由於領悟了這一點，因此世間的成、住、壞、空對他而言，就像是夢中的景象一樣，雖然清晰但都並不實存，所以不會有絲毫的畏懼。

一個好的修行人，要有自信和堅毅的勇氣，把握這難得的人身，在佛法的一切修持上全力以赴，無論是微小的修行，像是生起一念善心，到廣大精進的修持，像是修持甚深的口訣，如果都能全力以赴，那麼就算今晚死去，也將無悔。臨終的時候，你能夠保持穩定，持續修持，因為那是你一生平

時都在做的修持，你不會臨時亂了手腳而驚慌失措。然而，如果平時沒有好好練習，總是散亂、煩惱，造作各種的惡業，把大好的修行機會都浪費掉的話，那麼你在得知死訊的那一刻，一定會感到非常的不安，因為你明白自己造作的惡業，將會導致死後投生到惡道，不可能再像現在能有如此難得的修行機會。現在能有修持的福報，都是過去不知累積了多少福德才有可能得到的善果，然而今生不懂得珍惜、好好把握修持，甚至還繼續造作惡業的話，臨終的時候一定會後悔莫及的。

接著一句是「不著五塵境」。「五塵境」是色、聲、香、味、觸，分別是眼、耳、鼻、舌、身等五根的對境。「不著」即是不貪著的意思，為什麼不會生起貪著呢？因為已經明瞭、認識出自明本智並安住其中，同時明瞭一切——包括五塵境也都不離此自性。

「無別識法爾」的意思是「法爾」本智，本自遠離一切分別念的變動，因此說是「無別」。然而自心法界當中包含一切妙有，換句話說，此非因緣所成的法爾、自生本智能夠認識一切，這就是「識」在這裡的意思。此法爾識、自生本智，本自遠離色法等實有物的遮障，這是「無色」的意思，而當色蘊清淨的時候，五蘊當中的受蘊、想蘊，和五毒等行蘊也都清淨，這就是「無五毒」的意思。總結來說，這裡主要在說不清淨的五蘊，轉為清淨的五身，而不淨的五毒，轉為清淨的五智。

到這裡為止的內容，主要闡述的是「如何解脫和開顯法身普賢王如來果位」的方式。

（之前講過了「透過具有本淨的六種特殊，開顯普賢王如來果位」的祈願。接著是「任運五身五智自相成佛」的祈願。）

## B. 祈願「從涅槃邊，任運五身五智自相成佛」

**本覺明不滅，一性圓五智，由五智成熟，出生初五佛。(7)**

前面我們說過了本淨深明無為的法界智[2]，其自顯之影像[3]──大悲本覺的顯明部分是不滅的，就像太陽和太陽的光芒一樣。而在此本智一性當中，圓滿四身和五智──法界體性智、大圓鏡智、平等性智、妙觀察智與成所作智。由於四身五智的功德或本元勢力[4]的成熟，就出現了自相或自己的光芒[5]──「奧明金剛界壇城[6]」。

「奧明[7]」（中文直譯為「非下」）的意思是「至高無上的一種存在」。然而，這是指某一個地方嗎？並不是的，事實上也是不

---

2 ཆོས་དབྱིངས་ཡེ་ཤེས 法界智。
3 རང་མདངས 自顯之影像。
4 རང་རྩལ 本元勢力。
5 རང་སྣང་ རང་གི་འོད 自相。
6 འོག་མིན་རྡོ་རྗེ་དབྱིངས་ཀྱི་དཀྱིལ་འཁོར 奧明金剛界壇城。
7 འོག་མིན，讀作「奧明」，為藏文音譯。

可能的。因為虛空無有邊際，而無盡的虛空當中，又有無量的世間，無量的世間之上又有無量的世間，這樣計算下去的話，就會有無數個至高無上的地方，那是不可思議的多。總之，這樣一個至高無上的存在，就被稱為「奧明金剛界壇城」。

從世俗諦來看，一切的顯現都是虛妄，但是從勝義諦來看，一切顯現都是四身五智的任運變幻。凡夫由於不淨的業力與無盡的妄念，映現出無盡的情器世間的幻相；而清淨的奧明金剛界壇城，就是普賢王如來的淨土。然而這並不是在說奧明金剛界壇城，是在我們這個世間之外的另一個地方。

(接著我用英文來說明，可能會比較清楚一些。)如果你在找尋宇宙的中心，那麼只要你在的地方，就是宇宙的中心，在別處是找不到的；同樣，如果你在找尋一個至高無上的地方，那也就是你在的地方，在別處是找不到的。因此，當你證悟了普賢王如來的果位，那麼任何地方都是清淨的奧明金剛界壇城。

在此淨土、壇城當中，最初的怙主——自生本智顯現出五佛：不受因緣和任何時間影響與變動的金剛部、圓滿具備一切功德的珍寶部、不被有為法所染的蓮花部、作為和事業勢力圓滿的羯磨部、以方便善巧恆常任運成就利益眾生的轉輪部等

五佛。五佛即是五智的無為法的本色[8]。


**由此智漸廣，四二文佛生，**


接著，五智逐漸開展，隨眾生的所需，而展現出不同的相貌利益他們，因此從五佛又逐漸增廣開展出現42尊文佛、寂靜尊。


金剛界壇城的中央為佛父大日如來[9]、佛母法界自在母；東方為佛父金剛薩埵、佛母佛眼佛母，在其右左與前後，分別有地藏王、彌勒菩薩與嬉女(lāsyā)、花女等圍繞。南方為佛父寶生佛、佛母瑪瑪各佛母，周圍有普賢、虛空藏菩薩與鬘女、薰香女等圍繞。西方為佛父阿彌陀佛、佛母白衣佛母，周圍有觀音、文殊菩薩與歌女、燈女等圍繞。北方為佛父不空成就佛、佛母度母，周圍有除蓋障、金剛手菩薩與塗香女、食女等圍繞。以上為五方佛與其眷屬共26位。


為了救度六道而化身為六位聖者[10]、導師：上方為救度天道的帝釋天；下方為救度地獄道的閻羅王；東南方為救度阿修羅道的阿修羅王；西南方為救度人道的釋迦牟尼佛；西北方為救度畜生道的堅獅王；東北方為救度餓鬼的焰口王。接著分別是守護

---

8　འདུས་མ་བྱེད་པའི་རང་གཟུགས་無為法的本色。
9　毗盧遮那佛。
10　ཐུབ་པ་能仁，牟尼。

四方四門的八位守門：東門是尊勝父母尊，南門是閻羅父母尊，西門是馬頭父母尊，北門是甘露漩父母尊。加上最主要的父母尊，也就是根本的法身普賢王如來與法性普賢王如來佛母尊，總共即為42尊寂靜尊。

五智力運行，六十武尊生[11]。(8)

（飲血尊）

由於五智不可思議勢力的變化運行，生出了60尊忿怒尊。其中包含與金剛界壇城的主尊無別的最勝嘿嚕迦和大佛母卓蒂瑪，接著中央是佛陀嘿嚕迦父母尊，東方是班雜嘿嚕迦父母尊，南方是惹納嘿嚕迦父母尊，西方是貝瑪嘿嚕迦父母尊，北方是噶瑪嘿嚕迦父母尊等，以上為飲血父母等10尊。

接著是壇城八方象徵八識清淨的八位「瑪莫」(八處母)，圓滿清淨的「八境母」，守護本智穿透四門的具四無量心的「四守門母」，還有守護本覺本元勢力事業任顯壇城邊界的28位「自在母」等，以上總共是60位飲血忿怒尊，再加上之前談到的寂靜尊，就是文武百尊。

### 智慧方便切換本尊形象

一般人在聽到「飲血」、「忿怒尊」這些詞彙的時候，可能會有

---

11　武尊：也稱為憤怒尊，此處藏文原文直譯為「飲血」尊。

些害怕，這多半是因為我們對於佛法不是很瞭解，或者只是一知半解。其實從另一個角度來看，例如從每一個人的生理構造上來看，我們全身都有血液在流動，沒有血液我們是活不下去的，而當你用手摀住耳朵的時候，可以隱約聽到自己心跳的聲音，這可以說是心臟在飲血吧！所以我想說的是，我們這個血肉之軀、不淨的幻身，也就是一個「飲血」尊，不是嗎？相信在座的各位，沒有人的身體是能夠穿牆而過的虹光身吧？

然而，之所以會有這麼多不同的本尊形象出現，例如寂靜尊、忿怒尊、寂忿尊等，這是因為眾生百態，諸佛菩薩就示現出不同的形象度化他們：能夠以慈悲調伏的眾生，就以寂靜相利益他們；無法被寂靜相調伏的眾生，也就是凶惡頑劣的眾生，就以忿怒嘿嚕迦的相貌調伏他們。至於父母尊的形象，這在大乘佛教當中，尤其是密教當中，一般來說父尊象徵方便，母尊象徵智慧，而父母雙運的形象，象徵的是方便與智慧的本質無別，因此我們這就清楚知道，這和世俗的男女形象是沒有任何關係的。

另外，諸佛菩薩為了降伏嗔心重的眾生，就會示現出忿怒傲慢的姿態，為了對治貪心重的眾生，就會示現出令對方感到歡喜的姿態而利益對方，總之，為了調伏不同類型的眾生，就會示現出和其類別相對應的相貌、裝飾和法器。同時為了消除例如淨穢等各種執著，會象徵性地透過飲食五肉、五甘

露，作為調伏執著的方便法，另外像是披上虎、豹、大象等獸皮製成的披風，或者穿戴人頭、骷髏頭串成的項鍊等，也都有其象徵的意義，這些都應該要清楚知道。

基明未曾迷，我即本初佛，由我發此願，三界諸有情，
了知法爾明，大智邊圓滿。(9)

由於迷惑與解脫的這個無記基礎——法爾明覺，其本質為空，自性為明，而文武百尊壇城聖眾的顯相不滅顯現，因此這個任運而成的壇城——法爾明覺，從未被無明錯亂法所染污過。因此祈願依靠我——自性俱生本智、本初普賢如來所發大願的力量，能令三界一切有情，認識出本然、無生、法爾的明覺，令自顯相——本智的大能全然彰顯，令超越邊際的解脫[12]證悟得以圓滿。有些人誤以為圓滿成佛就是什麼都沒有了，例如某某人成佛了，那個人就會消失不見了，不是的，圓滿成佛就和此處提到的一樣，是從本智當中任運變現出盡虛空的報身和化身，利益盡虛空無量的眾生。

這裡因為講到了文武百尊，我想對於忿怒尊的部分，稍微多

--------

12　此處藏文編輯寫成 ཐབས་ གྲོལ 意思是「方便」解脫；但是主頌、仁波切解釋和十五世法王註釋，都是寫成 མཐའ་ 意思是「邊際」。這被解釋成 མཐའ་གྲོལ་ཆེན་པོར་རྒྱས་པར，這是大圓滿的一個用詞「邊際解脫」。
《藏漢大辭典》：「邊際解脫：舊密大圓滿四種大解脫法之一。本智不住三時以及任何所知界中，故名邊際解脫。」

做一些解釋。為什麼呢？因為很多人對於這部分都不是很清楚，都有很多疑惑。如果有人解釋，自然就會比較理解。

## 密法廣傳的信心危機

一般來說，如果想要修持佛陀所開示的密法當中提到的寂靜尊或忿怒尊，都需要得到上師的灌頂，而傳統上這樣的灌頂都是一對一的。灌頂分為四灌，上師會依序給予，首先給予瓶灌頂，在弟子修持、了悟之後，才會給予第二個灌頂：祕密灌頂。接著弟子修持、了悟第二灌的內容之後，上師才會再給予第三：智慧灌頂。以此類推，最後會給予的是第四：句義灌頂。所以傳統上完整接受一個本尊法的灌頂，弟子跟隨一位上師，可能需要持續很多年的時間。就像過去的祖師帝洛巴大師為那洛巴大師灌頂，或者那洛巴大師為馬爾巴大師灌頂的方式一樣。

但是，由於許多的原因使然，在這兩千六百多年間，密乘傳法灌頂的方式，也有了非常大的改變。現在一位上師可以同時給予上千人灌頂，而且在一天當中完成當中的四個灌頂。而且依照傳統來說，密乘本尊的唐卡畫像、塑像，或者壇城等，還有密乘的各種法器，像是金剛鈴杵、手鼓、普巴杵等，都需保持隱密，不能隨意讓人看到，甚至密乘行者修持用的念珠，也都必須保持隱密。但是現在唐卡到處都是，就像現在德噶寺大殿四周懸掛了許多唐卡，傳統上來說是可以

的，例如祖師唐卡是可以被看到的，但如果是本尊的唐卡，就必須把外層的垂布放下來遮住。甚至現在很多的年曆、月曆上面，都會印上各種本尊的法像；再加上現在網路方便，隨處都可以看到、聽到各種密法的開示內容。所以現在的密法，可以說已經不再祕密了。過去蓮師就曾預言說：「未來當密乘的教法在市集當中流傳的時候，就是五濁惡世的時候。」就是在形容當密法弘傳到人多的市集當中時，也就是佛教開始式微的時候。

總之，雖然各位都已經是密乘的弟子，也都在修持密乘的教法，然而就像之前提到的，由於密法的氾濫，我們很容易在還沒有對於密法有正確知見，或者基礎修持還不穩固的情況之下，換句話說，就是自己還沒有準備好的情況之下，就看到很多密乘的本尊相：寂靜尊、忿怒尊、雙運尊等，或者接觸到很多密法的內容。過去密法的儀軌大多沒有翻譯，我們可以帶著信心，跟著藏語的發音念誦，但是現在很多儀軌都已經翻譯成不同的語言，當你開始看懂裡面的內容時，就會感到非常的困惑。為什麼會有這樣的反應呢？這其實代表了自己其實並沒有準備好。

## 發菩提心修持密法

但是各位也不用擔心，因為準備是可以循序漸進的。舉例來說，佛陀三次說法，首先開示聲聞乘法，內容主要是關於善

144

告訴我們如何在身語的行為上做到止惡行善，這部分並不難了解。接著第二次說法，佛陀開示了大乘法。佛陀進一步說明，惡的根源在於我們的心，就像經典中說：「只隨善惡意差別，不隨善惡相大小。」這個意思是，即便外在身口的行為顯現出的相貌是極大的善，只要內在的心意是不善的話，那也是惡；如果外在相貌看似不善，然而內心卻是具備了利他的菩提心的話，那麼，所行的一切都是善，而且會是廣大的善。這些大乘法教的內容，對於聲聞乘的行者來說，會是無法瞭解的。佛陀第三次說法，開示了密乘不淨轉為清淨的教法，也就是不淨情器皆為清淨的本尊身與淨土、煩惱即本智、妄念即法身等深奧的「淨觀」內容，這對於前兩次說法的受眾來說，也是無法一下就理解的。

藏傳佛教當中，非常重視密法，然而能夠學習密法是一件非常難得的事情，必須是一個因緣福德具足的人，才有可能修學，然而無論如何，我們都應該從各方面的去培養密乘相關的見解、實修和行持，幫助自己減少各種的疑惑和邪見。

以我個人來說，我修的是密法，講說的是密法，我所念誦的儀軌、觀修的本尊、繪製建立的壇城也都是密法，但是我也是比丘，同時我的內心是具備了菩薩的發心：菩提心。換句話說，我身口的修持是聲聞乘，心上的發心，是大乘，觀修、禪修的法門，是密法。因此，各位也不用太擔心，你可以從各個方面入手修行，循序漸進是很重要的。

## 了悟本覺轉煩惱魔為甘露

從究竟本質上而言，不淨和清淨並無二致，由於我們未悟清淨的本質為何，因此誤以為一切為不淨，甚至以為不淨真實存在，而清淨是相異於不淨之外的東西。所以，密乘強調將不淨轉為清淨的修持，例如供養本尊的時候，會供養五肉五甘露，當然這主要是以觀想的方式供養，不是以實物供養，所以就算你是一個素食者，還是應該念誦觀想作供養，不可以隨意省略這些內容。

這裡的肉是誰的肉？血是誰的血？這都是你自己的血和肉，不是其他眾生的。那這些血肉是出自哪裡呢？是出自於你貪心、嗔心、嫉妒和愚痴等煩惱的魔，如果不將自己煩惱的魔斬殺，哪來的血肉呢？所以你必須從斬殺自己貪嗔痴的魔來取得血肉做供養。這整個的過程，就是一段徹底淨除的過程。例如依照儀軌來說，供養的時候，首先會以智慧甘露灑淨，並且口誦「嗡啊吽」，所以供養出去的不是血肉，而是清淨的甘露大海。

講到這裡，我想解釋一下「甘露」（藏音「嘟資」）的意思。通常儀軌在灑淨的時候，都會提到用甘露來做灑淨，「嘟」的意思是魔，「資」的意思是甘露水。這裡的魔指的就是自心的煩惱，而煩惱被稱為魔的原因在於，只有自己的煩惱能夠傷害自己，沒有任何外在的魔能夠傷害自己，就像佛陀在菩提

樹下降伏魔軍，各種魔軍的武器射向佛陀，全都變成了花雨一樣，當自己內心的魔被降伏、自己具備菩提心和智慧的時候，任何其他的煩惱、魔軍和傷害都能轉變為智慧花雨，或者就像這次願文提到的，當自己了悟本覺的時候，一切就能轉為清淨。

所以第一步，斬殺內心的煩惱魔；第二步，以智慧甘露加持，將自心煩惱魔的血肉轉為甘露；第三步，將這些甘露供養給三寶、本尊，布施給一切眾生。總結來說，「甘露水」的意思就是：將自心不淨的煩惱魔（「嘟」），轉變為清淨的甘露水（「資」）。

## C. 以方便善巧的「應化身」利益眾生

> 我之幻化身，俱胝不思議，相續隨類現，以我大悲願，
> 流轉三界眾，解脫六趣道。(10)

這六句頌文的大意是說：本初怙主普賢王自成佛以來，以其方便善巧，隨眾生不同的類別和根基，相續不斷地應化出各種化身，任運不滅地救度一切有情。同時依靠多劫所發清淨菩提大願的真實諦力，祈願四生五趣的三界輪迴一切眾生，都能解脫六道的痛苦。

直到我們斬斷能所二執，也就是說直到我們消除對於過去、

現在和未來等時間的執著，或者對於大、小等等空間上的執著，我們才有可能成佛。因此本初怙主普賢王如來，他早已超越時空的限制，因此直到一切眾生證得普賢王如來果位之前，他都能夠沒有間斷的在無量世間當中，以無量的化身應機度化無量的眾生。普賢王如來完全超越了空間、時間，也超越了數量。

## 以無量化身度無量眾生

這裡的時間，是「超越時間概念」的時間，當我們用無量或無邊來形容的時候，就已經超越了任何時間或空間的觀念，所以不會有「時間到了」的問題。然而我們的思惟都是有侷限的，所以時常會誤解「成佛度眾」的意思，以為是：「喔，我現在成佛了，利益眾生的時候到了，開始應機化身吧！」然後最後到了某一刻會說：「喔，最後一個眾生也成佛了，從此不用再應化了，可以休息了。」不是這樣的，這是具有「二執」的人才會這麼想，佛陀不會這麼說的，因為對於佛來說，一切都是任運自生的。

「俱胝」的意思是：一個三千大千世界當中，有俱胝（十億）個世界，而不可思議的娑婆世界當中，有不可思議的普賢王如來的化身。換句話說，每個世界當中不是只有一尊佛而已，而是每一個世界當中，都有無量的普賢如來在應機度化無量的眾生。

在一些文獻當中提到，普賢王如來的報身，是一位名為「毗盧遮那雪海」的如來，在他手持的缽中生出了一朵蓮花，蓮花的一個花瓣之上，化現出三千大千世界。在此因時間的關係，就不展開細說了。

「隨類現」的意思是：普賢王如來能夠隨應眾生不同的根器、需求和心願，化現出各種相貌度化他們，這是因為他最初所發的大悲心，以及修道過程時所累積的資糧，還有果位時所成就的佛身和功德力所致。例如釋迦牟尼佛，還有未來的彌勒佛等無量諸佛的利他事業，都是這樣任運開展出來的。

## 以大悲願力應化無量身形

偈文中的「大悲願」，指的是殊勝的菩提心，不是一般的悲心。這句「以我大悲願」可以接在前面，用來解釋前三句，也可以放在後面，用於解釋後面兩句。

接在前面的解釋是：由於普賢王如來的菩提大悲願力，因此化現出相續不斷的幻化身，以無量俱胝不可思議的化身，隨應眾生所需而救度他們。

普賢王如來最初發起的「願菩提心」，就是「為利一切眾生成就普賢王如來的果位，因此我發願成就普賢王如來的果位」這樣的發心。同時加上行菩提心的五道十地的實踐，兩種菩提

心成熟的時候，的他就能任運應化出無量身形利益眾生，自利、利他都得到了圓滿。

這句放在後面的解釋是：以我普賢王如來的菩提大悲願力，祈願流轉三界的一切眾生，都能從六道當中得到解脫。三界包含了一切的眾生，眾生形形色色，種類繁多，就以人類來說，人種就可以分為黃種、紅種、白種、黑種、褐色人種等等，語言來說也非常的豐富，就算是同一個人種，彼此間也使用不同的語言；我想人類的笑聲和哭聲應該都大同小異吧，但各自說的語言就真的是天差地別了。

依據佛教的文獻記載，佛陀曾經說過：其他世界當中，有很多長相和我們人類非常不同的生物，有的只有一隻腳，有的像是蜘蛛一樣，有很多隻腳；有的是獨眼，有的擁有多雙眼睛。我們可以想想，哪天如果有一個八隻手、四雙眼睛的眾生來到你的面前，應該是滿嚇人的吧？而且要和他交朋友可能也要花上一點時間，因為光是握手就不知道該怎麼辦了，這麼多隻手，是要從右手開始，還是左手開始呢？

總之，三界六道的眾生芸芸，因為各自業力的不同，什麼千奇百怪的樣子都是有可能化現出來的。

第三章

# 眾生是怎麼開始錯亂的？

我們對於自己真的瞭解嗎？
「我」到底是誰？
「我」的本質是什麼？
其實根本不瞭解。這就是無明。

## (2)祈願「依無明眾生之錯亂而清淨輪迴」

### A. 詳說定義

### (A) 祈願眾生「從俱生無明與遍計無明中解脫」

講到這裡，我們知道眾生因為無明而生死輪迴，同時知道只
要認識出基礎自生的明覺，本智就能開顯出來，得證普賢法
身的果位。因此接下來，我們首先要瞭解的是，這個導致有
情生死輪迴的無明錯亂，到底是怎麼一回事？以下的偈文就
是要說明這個部分。

**迷亂初有情，基明未顯故，昏沒[1]而盲冥，此即無明因。(11)**

這部願文當中提到了本初佛，也就是普賢王如來，接著這個偈文中提到了「初有情」，也就是本初有情的意思。那麼本初有情指的是誰呢？就是我們，包括我自己，還有在座的各位，我們都是「初有情」。

「初」在這裡是形容時間剎那的最初。由於我們無始以來就在輪迴當中流轉，換句話說，從最初剎那開始就迷惑錯亂，所以我們稱為本初有情。同時，由於我們每個剎那之間都在迷惑，因此每個剎那對於我們來說，都是一次嶄新的、最初的輪迴，所以我們稱為本初有情。

無論如何，究竟來說時間也只是一個世俗的錯亂概念，並不真實存在，但是為了方便世俗上的溝通，語言上還是需要用到「過去、現在、未來」等等的用詞。總之這裡第一句說的，就是眾生到底是如何迷惑的。

接著是「基明未顯故，昏沒而盲冥，此即無明因」，這三句進一步說明有情迷亂的真正原因為何。

首先第一句說明根本原因，是在於沒有認識出基礎無為的自

---

1　參考《雜阿含經》卷13：「大闇所昏沒，盲冥無所見。」

生本智明覺，這就導致了無明的生起，而無明的狀態是什麼呢？就是昏沒、盲冥、迷糊的狀態。舉個一般的例子來說，如果別人問我們「你是誰」的時候，我們通常會回答說：「我是某某人。」你可能會很快的說出自己的名字，但其實我們對於自己真的瞭解嗎？「我」到底是誰？「我」的本質是什麼？其實根本不瞭解。這就是無明。

如果再問：這個無明錯亂是什麼時候開始的呢？因為時間並不真實存在，所以可以權宜地回答說：剎那都在錯亂，現在就在錯亂著。

> 此中忽昏迷，怖畏俗心生，自他仇執生，習氣漸增熏，
> 復沒生死流，五毒煩惱增，五毒業不斷。(12)

這樣持續不斷的錯亂無明分為兩種，一是俱生無明，一是遍計無明。俱生無明的意思是，沒有認識出基礎的本智而出生的無明。接著生起遍計分別，執著有一個我真實存在，這就是遍計無明，這裡偈文說的「此中忽昏迷」，就是在形容當一個人執著自我是真實的時候，他和完全昏迷是一樣的，他是昏迷在有我的執著當中。

雖然我們都處在這樣一種遍計無明、昏迷的狀態，但我們還是會「醒來」，然而這時候的醒來，是指「生起」各種恐懼、不安等等的俗心，也就是生起各種俗淺、不深刻的世俗之心。

接著再會生起的，就是自他的分別，所以說「自他仇執生」，由於這種執著是造成眾生輪迴受苦的主要原因，就像是我們的仇敵一樣，所以這裡將自他二執稱為「仇執」。

接著「習氣漸增熏」，由於自他二執以及貪嗔煩惱習氣的持續熏習和增長，生死輪迴也因此相續不斷。我們反復無盡的沉沒在生死的續流當中，五毒等等粗重的煩惱，也從中不斷的累積和加深，隨著每次煩惱的生起，又再次熏習了惡業，就在這樣不斷的惡性循環之下，痛苦也永無止盡的發生。

> 是故迷亂基，即為昏無明，以我大願力，皆得識明覺。(13)

其實眾生的無明錯亂都只是暫時的，因為錯亂的基礎，也就是無明本身並不實存。因此無明本自清淨的普賢王如來發願說：希望透過自己祈願的力量，能令遍虛空的一切如母眾生，都能認識出自生本俱的明覺。

(B) 祈願了知「二種無明為明覺本智之自性」

> 俱生之無明，昏沒渙散識。遍計之無明，妄執有自他。
> 此二無明闇，有情錯亂基。(14)

在這幾段偈文當中，解釋了兩種無明的意思，首先解釋俱生無明。由於沒有認識出基礎明覺，這個昏沒渙散、愚痴盲闇

的心識，就是俱生無明。這種無明隨時都有，無論是當我們精進修行的時候，或者努力聞思佛法的時候，我們的心總是還會渙散。舉例來說，我們坐下來想要好好的禪修，可能是修持止觀或是某個修心法門，但是開始沒修多久，我們的心就渙散了。又或者我們想要好好的課誦、持咒，但是開始沒念多久心又散亂了。有些人喜歡禮拜，結果拜著拜著，心又開始渙散，結果只剩下身體禮拜的動作，還有口頭上的一些念誦。以上各種渙散的情況，都是屬於俱生無明的範疇。

第二個是遍計無明，指的是分別自他的執著。也就是妄執在法性之外，還有自與他實有存在。

以上這兩種無明，就是造成眾生生死輪迴的主要原因。

> 以我大願力，輪迴有情眾，發矇除盲闇，
> 二執得清淨，得識明覺貌。(15)

因此，普賢王如來以他法性本自清淨的真實願力，祈願消除輪迴眾生的無明盲闇，清淨自他二執，都能認識出自生明覺的真實面貌。

# 第四章

# 我，是一切錯亂的緣起

任何妙欲都只是世俗的、錯亂的、暫時的，
沒有任何真實的本質存在，
它們只是由於我們的顛倒妄念，
而暫時顯現成為我們貪愛的對境而已。

**(C) 錯亂緣起五毒自解脫**

a.祈願「貪愛解脫為妙觀察智」

錯亂的成因是「我」，從這個「我」生出了無明等之後的一切錯
亂緣起，例如五毒等導致我們輪迴生死的煩惱，因此，如果
能從成因上解脫，明覺普賢王如來的果位也將得以開顯。和
此內容相關的願文共有五個，首先是第一個，也就是有關五
毒煩惱當中貪煩惱的祈願。

> 二執疑惑心，出生微細貪，漸熏增重習，食財衣住友，
> 慈親五妙欲，貪愛生苦惱，盡皆世迷亂，能所業無盡。**(16)**

首先，偈文提到了執著二元的錯亂心識，它是生起貪欲煩惱的主要原因。同時，二執本身就是一種疑惑心，當一個人具備了二執的時候，他就欠缺了善能分別法相的智慧，也就是說，他無法了悟勝義諦的實相為何，所以他無法相信，他還具有疑惑。

接著第二句說到，從這樣的自他二執，會出生微細的貪，一般來說，二執會生出各種的煩惱，這個偈文提到的是生起微細的貪欲。然後隨著貪欲逐漸的熏習和增長，貪愛的習氣變得更為深重，導致我們隨時都很容易生起貪心。例如一見到美食、金錢，或者看到漂亮的衣服、房子，或者對於朋友、慈愛的親人如父母，還有各種世間的色、聲、香、味、觸的妙欲，都會生起強烈的貪愛，這樣的貪愛都會帶來痛苦，貪愛愈深，帶來的痛苦也愈深。

接著「盡皆世迷亂」的意思是，任何妙欲都只是世俗的、錯亂的，只是暫時的顯相而已，沒有任何真實的本質存在，它們只是由於我們的顛倒妄念，而暫時顯現成為我們貪愛的對境而已。然而如果我們不修持自心，這樣顛倒執著能所二元的業力，將會是沒有止盡的，這就是「能所業無盡」的意思。

**貪果業成熟，即生為餓鬼，饑渴實可憫。(17)**

貪欲的結果成熟的時候，將會讓我們投生到因為飢渴而讓身

心感到極苦的餓鬼道當中，持續遭受著飢渴等等無量的痛苦。一般來說，餓鬼分為三種：由外障礙飲食者、由內障礙飲食者和飲食無有障礙者。

講到這裡，很多人並不相信餓鬼的存在，也不相信地獄、阿修羅或者天人的存在，覺得那些都是神話，因為他們無法親眼看到他們或者直接去到那些地方。

六道眾生擁有不同的感官和心識的能力，某道眾生能夠感知到的經驗，不見得其他眾生也能夠感知得到，所以很多事情本來就不在我們人類能夠經驗的能力範圍之內。而且我們也都知道，不是所有的事情都是眼見為憑的，因此我們不能輕易的就否定餓鬼或者地獄等等各道的存在。

另一方面來說，我們雖然看不到天道、阿修羅道、餓鬼道、地獄道，但是我們在人道當中，就可以發現各道的存在。例如有些人非常的富有，生活過得極盡奢華，而且貪得無厭，同時也非常的吝嗇，從來不肯為了別人，甚至也不會為了自己去做任何好事，例如救濟、布施或供養，這樣的人其實就跟餓鬼是一樣的。

有些人可能因為別人的怠慢或者用詞稍有不敬，就怒火中燒、瞋心大起，這樣的人就跟活在地獄當中的地獄眾生是沒有兩樣的。還有一些人總是不滿足，總是嫉妒著別人比自己

好、比自己有錢，這些人也和阿修羅沒有兩樣。

> 以我祈願力，貪愛諸有情，無需捨欲求，無需取貪愛，
> 放鬆住本然，悟達明覺性，願得分別智。(18)

因此，完全從二執迷亂習氣中解脫的普賢王如來，祈願所有因為貪愛造作惡業而受盡苦難的一切有情，他們都能放鬆安住於本然心識之上。自在鬆坦的重點，就在於不刻意，所以前兩句說：無需刻意捨棄欲求，也無需刻意生起貪愛，因此才能悟達明覺的自性、親見自心的本來面目，那麼大樂分別的本智也將得以開顯。

一般來說，在聲聞乘的教法當中，教導行者斷除對於自身的貪愛，例如透過觀修不淨觀、白骨觀等等方式來斷除。但是偈文這裡卻提到了「無需捨欲求」，有些人可能會產生一個誤解，以為這是在鼓勵我們生起欲求，但其實不是這樣的，因為緊接著後一句就說：「無需取貪愛」。這主要是在究竟乘阿底大圓滿傳承的一個觀念：基礎與結果無二無別，因此也就沒有什麼需要斷除，也沒有什麼需要增加。因此總結來說，行者對待貪愛的重點就是不迎不拒，無須刻意疏遠，也不用刻意親近。

偈文當中說得很清楚，我們因為沒有認識出基礎的明覺，因此產生了無明，從無明生起了分別能所的心識，有了這樣自

他的分別之後，各種貪瞋煩惱就會不斷的生起。接著說道，對於這些層出不窮的妄念煩惱，我們應該不迎不拒，讓它自縛自解，那麼所有的煩惱就能於本地中自然解脫。

舉個例子來說，就像是從一艘位於海中央的船上飛出去的鳥一樣，由於牠沒有其他方可以落腳，最終都會回到船上一樣，妄念也是一樣，最終都要回歸到自生明覺本智的自性當中，因此我們無需去做任何改變。

這裡提到的「分別智」，指的是能夠知道分別妄念、煩惱都是基礎明覺幻化的一種智慧，一般來說，包括「妄念即法身」、「煩惱即本智」，都是在無上密續中才會提到的特殊法門和思想，一般在聲聞乘中並不沒有這樣的說法。

b.祈願「瞋恨解脫為大圓鏡智」

於外境相上，微細懼心起，增熏瞋習氣，以致暴戾生。(19)

有些情況當我們遇到的時候，例如面對仇敵、盜匪，或者遭遇疾病、戰爭、災難的時候，這些外在的境相，都會牽引出我們內心深處微細的恐懼。而當這樣的恐懼持續生起，就在不斷增熏瞋心的習氣，而當瞋心的習氣愈強，我們也就可能變得更為暴戾。例如一見到自己不喜歡的對象，馬上就起瞋心，做出各種傷害對方的暴戾行為，而這樣的行為將會帶來

很大的痛苦，看看世界上發生過的無數次戰爭，就是非常清楚的例子。總之，瞋恨的習氣是很有力量的，瞋習愈強，愈容易讓人變得莽撞衝動，很難保持冷靜。

這裡補充一下，一般來說傷害的動機主要是瞋心，但有時候也可能因為貪心而傷害生命，例如貪食肉類而殺害動物。

**瞋果成熟時，地獄燒煮苦。(20)**

接著，瞋心惡業的果報是什麼呢？就是投生到地獄道中，遭受各種火燒、水煮，還有極冷、極熱等等無量的痛苦。

地獄當中各種可怖痛苦的景象，並不是由某位天神創造出來的，而是由眾生自己瞋恨心的業力而自然生出的業相，例如地獄當中的熱鐵大地、熱鑊、烊銅、鐵山、鐵鋸等，這些都是瞋恨心所展現出來的業相。所以，直到我們斬斷二執、破除無明之前，地獄就會一直存在。

偈文這裡只提到了熱地獄的痛苦，但其實我們可以把寒地獄等其他所有地獄的痛苦，全都想像在內。

**以我大願力，六道有情眾，瞋起莫迎拒，放鬆住本然，**
**悟達明覺性，得證清明智。(21)**

普賢王如來發願，希望六道一切眾生，當他們的心中生起強烈瞋恨心的時候，能夠做到不迎不拒，聽其自然的現起，然後能在本然自心上放鬆安住，悟達一切輪涅的基礎——明覺自性，這時如同明鏡一般的智慧就能開顯出來。這裡的清明智，就是大手印所說的明空雙運。

c.祈願「我慢解脫為平等性智」

**心起傲慢時，爭強輕他人，此傲慢心，自他鬥爭苦。(22)**

什麼是傲慢心，就是覺得自己高人一等、超群出眾的心態，例如覺得自己長得比別人好看，或者比別人更聰明、更有錢、有名有地位等等。傲慢心會讓我們想和旗鼓相當的人競爭，同時對於不如自己的人，不屑一顧，極盡輕慢。總之，因為這樣的傲慢之心，自己總是想要和別人爭鬥，也因此造成無量的痛苦。

**業熟生天道，領受衰墮苦。(23)**

如果我們帶著傲慢的動機而造作了某種善業，那麼這樣帶有煩惱的善業果報，就會讓我們投生為天人，然而天人要領受的痛苦就是衰墮的痛苦。一般來說，天人的生活是很快樂的，但是像欲界六天當中的四大天王、三十三天等天人，時常都要忍受戰爭的痛苦，因為他們成天被阿修羅攻打。雖然

更高的天界，快樂也愈加美妙，例如兜率天不僅沒有戰爭之苦，而且具備殊勝的喜樂，但是天人都具備了一個共通的痛苦，就是衰墮的痛苦，他們都具備神通，能夠知道自己什麼時候會死，而且知道死後會下墮投生到什麼地方、受什麼樣的痛苦，所以他們的內心是極為痛苦的。

> 以我大願力，有情生慢時，放鬆住本然，悟達明覺性，
> 得悟平等性。(24)

因此普賢王如來發願透過他的大願力，祈願六道一切傲慢眾生，能夠放鬆安住在本然心識，領悟通達輪涅的基礎——明覺的自性，了悟平等智，令普賢王如來的果位得以開顯。

這裡提到將傲慢轉為平等性智，最後我想簡單說明一下兩種平等性智。

第一種是世俗的平等性智。首先我們要知道每一個眾生都想要離苦得樂，眾生都是平等的。因此當自己快樂的時候，例如當自己具備功德、知識，或者得到財富、地位和名聲，就要懂得歡喜和感恩，然後盡力地奉獻自己，回饋他人。同時見到別人和自己一樣，得到了財富、地位、名聲的時候，不要嫉妒，而要隨喜讚嘆；見到不如自己的人的時候，不要驕傲，要盡力協助他們得到快樂。如果以上能夠做到，就是證得了世俗的平等性智，或者說就是傲慢已經轉成世俗的平等

性智，這是第一個。

接著第二個是勝義的平等性智，從究竟的自性本質上來說，無分貧富貴賤、男女老少，一切眾生本具勝義俱生本智。體悟到了這一點，那就是體悟了勝義的平等性智。

d.祈願「嫉妒解脫為成所作智」

二執增熏習，讚自毀傷他，增生好鬥心，故生戾修羅，其果墮地獄。(25)

所有煩惱的根源都是一樣的，主要都是來自於不識基礎本智的無明，這部分就不重複說明，偈文就是直接從解說嫉妒的煩惱開始。

眾生由於強烈的二執習氣，因此只想到自己、忽略別人，總是讚嘆自己、詆毀、傷害他人，同時由於爭強好鬥的心，導致他們投生到充滿砍殺暴戾的修羅道中。

修羅道是六道當中因為嫉妒而出現的一道，他們日夜不停的和天人征戰，原因主要就是內心的嫉妒煩惱。同時，阿修羅極為保護自己的法，他們認為：只要不符合阿修羅法的，都應該要毀滅，而且如果這樣做的話，就是一種善，這也是他們不斷和天人征戰的原因之一。總之，因果真實不虛，這樣傷

害暴戾的果報，又會讓他們投生到地獄道中。

以我大願力，爭強好鬥者，莫執住本然，悟達識本元，
得業無礙智。(26)

普賢菩薩祈願以他的大願力，祈願所有具有嫉妒煩惱、爭強好鬥的有情眾生，當他們生起這些煩惱的時候，能夠不把煩惱當成敵人而不做任何抗拒，同時也能夠把持自心，不讓自己成為嫉妒的僕人，然後放鬆的安住在法性本然之中，悟達一切輪涅的基礎——自心明覺的本質，一切嫉妒的妄念煩惱，轉成成就任運無礙事業的智慧。

e.祈願「愚痴解脫為法界智」

昏沒心渙散，麻木鈍遺忘，痴昏迷懈怠，故生畜生道。(27)

這裡提到許多愚痴相關的心理狀態，首先「昏沒」的意思是失去正念和正知，不能明辨善惡，不知如何做出正確的取捨。同時內心時常處於「渙散」的狀態。「麻木」帶有陰鬱和昏闇的味道，其中一個例子，就像現在很多人想要逃避現實，會藉由酒精或者藥物來麻痺自己。「鈍」的意思是反應遲鈍，「遺忘」一般來說就是忘東忘西，這裡特別是指忘記什麼是善、什麼是惡，或者像是各位來到菩提迦耶卻忘了要好好發願、到了佛陀成道的菩提樹下卻忘了要供養一樣。「昏迷」就是失去

意識，「懈怠」就是把時間浪費在沒有意義的事情上。

以上各種問題，全都來自於「痴」，所以上述的狀態也可以分別稱為「麻木痴」、「遺忘痴」、「懈怠痴」等。而愚痴的果報，就是投生到無依無靠的畜生道當中。

講到動物的時候，有些人會說動物也很聰明，並不愚笨呀。但是無論如何，相較於人類，動物的智力是相對低弱的，當然從體型和力量上來說，很多動物無疑強過人類，而且強過很多倍。例如大象，力大無窮，但是因為愚痴，一個普通瘦弱的人，都能輕而易舉地馴服一頭大象，聽他使喚差遣，做很多的苦力，甚至還沒有給牠任何工資呢！別說是大象了，就連一頭羊，很多時候兩三個人合力也推不動，但是因為愚痴，一個年老的牧羊人，輕鬆的就可以管理上千頭的羊群。還有，所有那些畜養待宰的牛、羊、豬、魚等動物，牠們根本無法理解為什麼會被人類畜養，因此也不知道要逃跑。這些都是動物愚痴的一些證明。

*以我大願力，愚痴之昏闇，成為念光明，得證無別智。*(28)

接著，普賢菩薩祈願透過他的大願力，希望所有被愚痴昏闇所蒙蔽的有情眾生，他們本俱不滅的正念光明，都能無礙的展現出來，而所有自他、能所的分別，全都轉成無分別的智慧。

## B.祈願「依無明眾生之錯亂而清淨輪迴」之結語

三界諸有情，本基與我同，今成昏亂基，造作無義業。
六業如幻夢。(29)

這是總結的一個祈願。由於沒有認識出基礎的明覺，虛妄的二執因此映現出三界，也就是欲界、色界和無色界等三界的顯相。

首先「無色界」這個名稱，主要是因為它無法被眼睛所觀看到而得名，屬於「意世界」，是三界當中最為殊勝和清淨的天界，當中包含了空無邊處、識無邊處等四種天界。再來是「色界」，它一半能被觀看，一半無法被觀看到，屬於「語世界」，當中包含了初禪天、二禪天等十七地。

能夠全部被觀看得到的，是「身世界」，也就是「欲界」。投身在欲界六道當中的眾生，由於各自業力的差別，而有勝劣、粗細等等不同的身形差別。一般來說，上界的眾生的要比下界眾生更為殊勝，但是這不代表上界眾生的身形也會比下界眾生更加細微。這是什麼意思？例如我們會說位於上界的人道，會比下界的餓鬼道殊勝，但就身形的粗細上來說，其實人類的身形比餓鬼的身形粗大，餓鬼的身形是很細微的，這也是我們之所以看不到也碰觸不到的原因。當然這裡的粗和細，也都是站在世俗相對世界權宜的一種說法。

所以講回來，什麼是三界呢？也就是無法被觀看到的「意世界、無色界」，一半被觀看到、一半無法被觀看到的「語世界、色界」，以及完全能夠被觀看到的「身世界、欲界」。很多文獻當中都有這樣的說法，但是在大圓滿相關的文獻中提的比較多。

## 認出未染污的明覺

普賢王如來這裡說到，三界當中的眾生，雖然他們因為無明而身陷於輪迴，但是他們基礎的明覺菩提心，和我是一模一樣的。換句話說，眾生的明覺從未改變過，沒有變大、變小，變善、變惡，變得高貴或低賤，也沒有變得清晰或混濁過，換句話說，它從未被染污過，因此普賢王如來這裡說「本基與我同」。

然而，眾生的本智明覺，現在卻成為了昏沒迷亂的基礎，妄執自他，執著情器實有，然後在輪迴當中不停的生死流轉，就像旋轉的水輪一樣沒有停歇。就像我們自己一樣，現在好像在學佛修行，但是一邊修行，卻也一邊散亂、一邊造惡，我們就像是在攀爬一座很高的沙丘，要很努力才能向上爬行幾步，但是每爬幾步很快的又會向下滑落更多步。所以修行必須精進努力，不然根本到不了頂端。

例如這次課程中間，都有安排一些休息時間，我看到很多人

會聚在一起散心雜話，有的人還生起各種貪、瞋、嫉妒的煩惱，大概是我不夠清淨吧，所以看到的都是不清淨的景象。在座一定也有深藏不露的大成就者、阿羅漢、登地菩薩，然而除了他們之外，我相信更多的人，我們所有這次相聚在這次課程裡的人，應該都是充滿煩惱、不得自在的輪迴眾生，都在造作著「無義的惡業」，或者可以說是大小程度不同的惡業。

因此偈文接著說：「六業如幻夢」，由於我們的貪心、瞋心、愚痴、我慢、嫉妒、吝嗇等六種煩惱，造作出六種業相，而這一切的業相都如夢境一般並非真實，或者就像是眼翳患者所看到的髮絲一樣，都只是自心所現的幻象而已，其中找不到任何堅實的自性存在。

一切如夢在文字上並不難理解，相信大家也都有所領會，但是說到了悟，那就非常困難了。因為一個了悟一切如夢如幻，也就是證悟了空性的人，他就能夠做到寵辱不驚、八風吹不動，但是在座有誰能夠做到呢？

### 保持真誠不妄說上人法

不久前，有人義正詞嚴的對我說，希望我不要再說自己沒有成佛、沒有證悟、沒有神通了，這樣會讓他們失去信心和希望，他們覺得如果連我都還沒證悟、都不是佛的話，那他們

還有什麼希望？他們這樣想真的是很糊塗。

我一直把過去上師的一番話放在心上，上師曾經對我說：「說法一定要實在，不能裝模作樣，如果虛偽狡詐，就是犯了『妄說上人法』，那你就完了！」所以我忍不住對那個人說：「很抱歉那番話讓你感到失望，其實那番話是要帶給你希望的。因為，如果一個上師誠懇，他的弟子也就比較可能成為一個誠懇的弟子。如果上師妄說自己是佛、已經證悟，這樣一個裝模作樣的上師，他所帶出來的弟子，一定也會變得跟他一樣虛偽，無法成為真正的修行人。」

由於上師和三寶的加持，我非常滿意自己現在的修行。各位不用為我擔心，不用想太多。當我說自己沒有成佛的時候，我完全沒有一點沮喪；當我說自己沒有證悟的時候，我一點也不覺得灰心，因為我說的都是真話，而且我非常高興自己能夠說出這樣的話，因為「誠懇」是我最為看重的一件事情。

喜歡說大話的人，最好時常追蹤記錄自己說過什麼話，不然日後一說大話，很容易就打臉自己。一個誠懇的人，從來就不需要有這種擔心；或許我天生的性格就是這樣吧，到現在我也盡量保持真誠，相信直到我死亡的那一刻，誠懇也都會繼續陪伴著我，因為這是我這輩子一定會堅持做到的事情。

我乃本初佛，為化六道故，以此普賢願，廣度有情眾，
法界中成佛。(30)

接著回到偈文，普賢王如來觀知眾生只是暫時被無明煩惱所
障蔽，因此明覺無法顯露出來，身為本初佛的普賢王如來，
以無所緣的大悲心，隨類應化救度眾生。這部願文本身，就
是普賢王如來隨類度化眾生的一個示現，所以偈文說「以此普
賢願」，意思是依靠他任運不滅的這部普賢王大願，令一切有
情在法界中成就佛道，圓滿開展出本俱的身智功德。

# 第五章

# 怎樣祈願最有利益？

當祈願者對於自己沒有任何執著，
對於所發的願和祈願的對象也沒有任何執著，
也就是體悟三輪體空的時候，
這就是上根者的祈願，也就是「無戲論的祈願」。

## 二、祈願之利益與方式

以上講完了祈願的正行部分，接著講解祈願的利益。對於一個上根器的行者來說，他的祈願是恆時沒有間斷的，這是什麼意思呢？我們一般凡夫的祈願，會有開始、中間和結束，但是上根器的行者，由於他已經了悟了整部願文的精髓，換句話說，他的心隨時都安住在祈願當中，因此他的祈願就是最殊勝的祈願，這也稱為「無戲論的祈願」。

另外一種解釋是，當祈願者對於自己沒有任何執著，同時對於所發的願和祈願的對象也都沒有任何執著的時候，也就是

體悟三輪體空的時候，這就是上根者的祈願，也就是「無戲論的祈願」。

# (一)簡要祈願法

**妙哉！**
**爾後力行者，無謬覺自顯，發此大力願，聞此諸有情，**
**三生證佛果。(31)**

偈文當中首先提到「妙哉」，藏文是「哎瑪」，是「哎瑪吹」的縮寫。什麼事情如此的奇妙呢？就是這篇由普賢王自生明覺的本智空勢任運所成的祈願文，因為它是由普賢王如來任運的佛行事業所成，它能夠解脫三界、清淨所有的輪迴。

現在我們因為妄執基礎明覺為我，沒有認識出明覺本來面目，但是今後依靠上師善知識的教導，心續得到調伏，覺受和證悟得以開展，具備法身普賢王如來的殊勝功德，本自清淨、從未錯謬的自生明覺得以自顯，就像是瓶中的燈火一樣明亮；燈火的光明只是暫時被寶瓶所遮蔽，透過修持，行者的明覺將能完全開顯。

這樣一位具備證悟的行者，當他念誦這篇能夠清淨輪迴的普賢王如來大力願文時，所有聽聞到的一切眾生，三生之內都將成就圓滿的佛果。

這裡提到三生之內圓滿成佛，這還是比較長的說法，事實上像是因陀羅浦諦王[1]等最上根器的弟子，他們在直接聽聞普賢王如來講說這部願文的當下，剎那間就成佛了，就像經文中形容的「於一剎那能了悟，於一剎那成正覺」所說的一樣。

我自己曾經跟隨過多位上師，得到過多次這部祈願文的口傳和教導。不敢說自己已經通曉祈願文中的深意，但在文字上是有些瞭解的。這次我遵循上師們的口訣給予各位教學，希望幫助各位能和這部甚深《普賢密義穿透教示續》結下殊勝的法緣，種下成佛的種子。

我們每個人的根器、信心、福德因緣都不一樣，自然對於這部願文也有各自不同的領會，但是，我深信在不久的將來，我們每一個人必定都能成就圓滿的佛果。至於時間的長短，還是要看個人的業力、願力以及積資淨障的修行而定了。如果我們今生的修行，能夠取得百分之一的成果，雖然看起來只是一點點的進展，但是累積起來，在一百生的未來，也就能夠成佛。所以不要小看今生任何一點點的修行，都是非常重要的。

# (二)複雜祈願法

有戲論的祈願，指的就是我們一般人在做的祈願，例如我們

---

1　因陀羅浦諦王，梵 Indrabhūti，是烏仗那國（梵 Udyāna）的國王。

發願的時候，會覺得有一個發願者自己、也有一個發願文和祈願的對象，這就稱為有戲論的祈願。

那麼有關我們可以做到的這種有戲論的祈願，這裡分為兩個部分來講說，一是念誦祈願的時間，二是如何祈願。前面上根器者無戲論的祈願時有說過，他們的祈願是恆時沒有間斷的，然而我們一般人，如果能在一些特別的時間當中念誦的話，會有很大的加持。

# 1.念誦祈願的時間

> 日蝕或月蝕，聲震冬夏至，亦或轉年際。(32)

這裡提到了幾個特殊的時間點，可以念誦這部祈願文。例如日蝕或月蝕的時候，還有「聲震」的「聲」是指自然界發生巨大的聲響，目前為止我還沒有這樣的經驗，再來「震」就是地震，還有每年的夏至或冬至，或者轉年，也就是新年的時候，都應該多念誦祈願文。

## 日蝕與月蝕

依據密續的說法，日蝕或月蝕的時候，無論行善或造惡，業力都會成百千萬倍的增長。理由在於我們身中有三個脈，也就是中脈，還有在其兩側分別對應日跟月的左右二脈。脈中

有各種氣會流動，如方便氣、智慧氣等，尤其是在中脈流動的命根氣，將會投射出輪涅的萬象。月蝕的時候，右脈，也就是方便脈會自然收攝到中脈；日蝕的時候，左脈，也就是智慧脈會自然收攝到中脈，所以這些時候，如果身口意三門投入修持，就會有更多對的機會認識出心性。所以說這些時候行善的話，將會有百千萬倍的功德。

藏傳佛教有三年三方三日的結界，也就是一般說三年三個月閉關的傳統。會有這樣的時間規定，主要是因為續典中有這麼一段記載：「在這樣一段時間當中，不淨肉身的脈、氣、明點，會全部代謝循環一次，因此［行者若能在這段時間內］約束身心，就能開啟地道的證悟。」

另外，續典中也提到在清晨或傍晚，由於太陽、月亮生起，也就是日月更迭的時候，將會牽動我們身體的脈、氣、明點，所以這時候應該多做課誦、行善、禮拜、繞塔、懺悔，這時候修行的利益，會比其他時段來得更大。

## 上弦月與下弦月

這裡我想補充主頌和注解都沒有提到的一個時段，就是上弦月和下弦月的時候，應該努力透過念誦祈願文等善行來積資淨障。

## 2.如何祈願

> 自觀為普賢，念誦令眾聞。三界有情眾，依此誓願力，
> 得脫一切苦，終成佛果位。(33)

有戲論的行者，也就是我們一般人念誦祈願的時候，要觀想自己為普賢王如來，然後觀想自己四周，圍繞著一切有形、無形的眾生，都在聽聞自己念誦這部祈願文。依此善根和法性真諦力，加上行者自身清淨的發心和誓願力，三界一切有情眾生，都能解脫一切的痛苦和煩惱，最終皆能證得本初怙主法身普賢王如來的果位。

# 補充說明五部、五大、五智與能淨所淨

接下來，我想附帶解釋一下五部、五大，還有五惑、五智相互之間能淨所淨的關係，還有就其字面的意義做一些簡單的解釋。因為課程當中多少提到了一些這些內容，但是沒有時間多做解釋。對於這些內容的解說方式很多，這裡主要依據的是噶瑪林巴的《深法寂忿密意自解》。

## 五部

首先五部是指佛部、金剛部、寶部、蓮花部和羯磨部，其相

對應的五佛即是大日如來、不動佛、寶相佛、阿彌陀佛和不空成就佛。五佛對應的世界分別是：中央不動世界、東方妙喜世界、南方寶積世界、西方華嚴世界和北方業圓世界。

通常方位的判別比較麻煩，但是有一個通則就是，自己身體所在之處當成壇城的中央，然後自己面對的前方就是東方，接著自己的右、後、左方，分別就是南、西、北方，所以這時候不是以太陽生起的方位當成東方，也和一般南北極的座標方式不太一樣。其實太陽生起的方向就是東方這樣的說法也並不準確，例如春天和秋天時太陽生起的方位就有不同，那時候的東方也就有所不同，因此方位也是相對的概念，並不實際存在。

接著是煩惱轉為智慧的部分。由於智慧的開顯，本俱不滅的光明，也得以化現出各種不同的佛的身形利益眾生。依序是：痴惑清淨，轉為法界體性智，展現出大日如來；瞋惑清淨，轉為大圓鏡智，展現出不動佛；慢惑清淨，轉為平等性智，展現出寶相佛；貪惑清淨，轉為妙觀察智，展現出阿彌陀佛；嫉妒惑清淨，轉為成所作智，展現出不空成就佛。

# 五大

接著是五大元素的清淨，展現出五方佛不滅的幻化。依序是：空大清淨展現出大日如來的佛部，水大清淨展現出東方不動

佛的金剛部，地大清淨展現出南方寶相佛的寶部，火大清淨展現出西方阿彌陀佛的蓮花部，風大清淨展現出北方不空成就佛的羯磨部。

以上有關五大元素和五部，以及五惑五智的論述，在不同續典文獻當中的說法都稍有不同，但是這並沒有任何不妥，因為舉例來說，當愚痴的煩惱清淨了，自然瞋煩惱也就一定會被清淨，所以雖然愚痴對應的是佛部，但也可對應到金剛部。另一方面來說，五種煩惱的每一個煩惱當中，也都包含了五種煩惱，例如痴惑當中，就有痴貪、痴瞋、痴痴、痴慢和痴嫉，換句話說，任何一種煩惱都和其他四種煩惱有所關聯，沒有一種煩惱能夠單一獨立的存在，例如沒有單一存在、和其他四種煩惱毫無關聯的痴存在。因此，某一種煩惱清淨的時候，自然其他煩惱相對應的佛身、智慧和世界也都可能展現。

## 五智

接著就字面上解釋一下五智的意思。首先「法界體性智」的意思是，如實現證法界體性空性；法界體性當中，自然顯現輪涅一切萬法，即是「大圓鏡智」；平等照見輪涅一切萬法，即是「平等性智」；能夠沒有錯亂的澈觀萬法，即是「妙觀察智」；而「成所作智」的意思則是，能夠以善巧方便任運成就利他。

# 第六章

# 圓滿迴向

讓我們一起祈願，
匯聚三時一切有漏無漏的善根，
迴向等虛空一切有情眾生，
都能開顯法身普賢王如來的果位。

## 叁，總結

此文節錄自大圓滿《普賢密義穿透教示續》之第九品〈發大力願廣利一切有情必定成佛品〉。

這裡提到了「大圓滿」，就我個人的修持來說，主要修持的是「雙融傳承」，也就是融合了大手印、大圓滿和大中觀的修持傳承。這部祈願文是本初普賢王如來任運顯現的密意大願，其本質不會受到任何因緣的動搖和阻礙，這就是「穿透」的意思。

# 願文利益能穿透一切因緣阻礙

例如，雖然眾生的因緣業力都不同，但是只要聽聞到這部願文，都能獲得利益。例如這次上課的各位學員，你們各自的業力、願力都不相同，學習之後的理解、感受和領悟也都不同，有的人可能覺得獲益良多，有的人可能覺得沒有什麼收穫，有的人可能字面意思懂了，但是抓不到真正的含意，還有的人可能領悟到箇中道理，但卻無法用言語來形容。但是無論如何，這部願文都能穿透一切的因緣阻礙，讓我們得到利益和加持，這就是「穿透」的意思。

同樣課程期間，大殿裡面也有很多小鳥飛來飛去，牠們也都聽到了這部祈願文，跟這個法教結下了法緣，鳥兒各自的業力因緣也都不同，因此有的法緣結的比較深，有的比較淺，但是全都能夠得到利益。還有我們周圍的這些蚊子，牠們一邊叮咬著我們，一邊聽著願文，牠們也都跟這部願文結下了各自深淺不同的法緣，都將得到利益。

另外，由於這部願文是直接出自普賢王如來的密義，因此它被稱為「大力願」。

這部願文屬於三身中的哪一身呢？它屬於法身、報身還是化身呢？它是屬於報身。因為它是出自於法身普賢王如來的化現。至於白紙黑字的祈願文，或許可以說是化身吧！

# 眾生必定能成佛

「一切有情必定成佛」，這句話是有深意的。究竟來說，所有眾生必定都會成佛，原因是眾生都具有「勝義空性」的潛能，這是顯乘的用詞，菩薩乘會說眾生具有「勝義菩提心」，而大圓滿會說「基礎本智」，大手印則稱為「如來藏」或「俱生本智」。總之，由於眾生本俱成佛的潛能或種子，因此必定成佛。

而且就是因為眾生具有如來藏，所以無論遇到再大的困難，都會想盡辦法趨樂避苦，這就是眾生的本能，從三界的最頂端到最底端的無間地獄，這當中的一切有情眾生，直到成就普賢王如來果位之前，他們都會盡一切的努力想要離苦得樂。舉例來說，上課期間叮咬我們的蚊子，牠們這麼做也是為了離苦得樂，大殿裡面飛來飛去的鳥兒，牠們來到這裡也是為了吃佛龕上供養的米，這麼做也是為了得到快樂。

再例如大成就者密勒日巴尊者，他忍受不可思議的苦行，就是為了得到究竟的解脫快樂；而菩提迦耶附近的居民，他們忍受著夏天的酷熱和冬天的寒冷，在田地裡耕作，或者沿路做著小生意，雖然目的只是為了今生維持生計，但也是想要離苦得樂，同時，我也相信他們能有因緣出生在佛陀成道的聖地，一定也會得到聖地的加持。

總之，所有眾生必定成佛，尤其我們現在學習了這部願文，

如果懂得甚至領悟了其中的一些內容，那更是必定成佛的。

以上簡略講完了這部出自北巖藏《普賢密義穿透教示續》的祈願文。

# 迴向及祈願

這次在明就仁波切發心成立的德噶國際學院的請求之下，我將自己跟隨根本和傳承上師學得的教法，就字面的意義上，為各位做了簡略的教學。

我們能夠相聚在賢劫千佛成道的聖地金剛座，有機會一起聞思如此甚深的教法，實在是一件非常難得的事情。

因此，最後我們要迴向這次的善根，其中包括國際德噶學院的各位執事請法的善根、我從根傳上師授法和為各位傳法的善根、各位學員聽法的善根、八蚌智慧林與德噶寺執事籌備此次課程的善根，還有多位譯師口譯的善根，他們就像是我和學員之間的橋梁，沒有他們的翻譯，我就只能自言自語了。

總之，讓我們一起祈願，匯聚三時一切有漏無漏的善根，迴向等虛空一切有情眾生，都能開顯法身普賢王如來的果位。

最後，我們一起念誦這部祈願文一遍，希望大家都能心口如一的念誦，並且隨著文字的內容跟著思惟和觀修。

# 灌頂與授戒

就像洗衣服需要把衣服泡在水裡再用肥皂洗淨，
要清淨我們無始以來的罪業習氣，
就需要有所緣的福德資糧和無所緣的智慧資糧，
否則罪業是無法清淨的。

這次德噶國際學院安排的課程當中，最後一個活動是金剛薩埵的灌頂。灌頂正行的時候，我不會講解太多，因為你們每個人的根器還有福德因緣都不同，所以各自會有不同的領受，如果我講太多，也沒有太大的利益。

## 灌頂：以福慧資糧，淨化罪業習氣

接受灌頂最重要的是要具備信心、意樂和虔敬，有了這些，就算不懂灌頂的文字和含意也沒有太大的關係。今天我要給予的是「三祕密明點」之一的「祕密明點金剛薩埵」的灌頂。金剛薩埵是一切部族的部主，所以無論你屬於哪個佛部，都可以修持這個本尊。尤其他是淨除罪障特別殊勝的一尊佛。

就以洗滌衣服為例，我們需要把衣服浸泡在水裡，再用肥皂加以洗淨，如果要清淨我們無始以來的罪業習氣，就需要有所緣的福德資糧和無所緣的智慧資糧，不然罪業是無法清淨的。因此，沒有比金剛薩埵更為殊勝的上師和本尊了。

這個灌頂我跟隨很多上師得到過，但是最主要是從我的根本上師法王噶瑪巴讓炯日佩多傑獲得，因此各位帶著虔信和意樂，專一領受灌頂，一定能夠獲得加持和成就。

[灌頂過程略]

# 授戒：皈依戒與菩薩戒

有很多人請求皈依和受菩薩戒，想受持的人都到前面來。同時請三位負責剪髮、賜名和給予淨水的喇嘛也上前來。

有心想要領受皈依和菩薩戒，這就代表你們知道佛法的重點是什麼。負責剪髮的仁波切，要小心別一次剪掉太多頭髮，他們都很執著自己的頭髮，而且為了美髮花了很多錢的。另外，已經受過皈依戒的人是不用再受的，如果想要再受一次也不是不行，但就不需要再拿一個新的皈依法名。法名太多很麻煩的。有些人很執著這個法名，覺得一定要懂得法名的意思，所以四處找人解釋。法名是很重要，但是我認為沒有必要多做解釋，因為法名一定都是好的名字，不可能取些不

好的名字。因此,這就是一種貪執,如果讓法名變成了修行路上的障礙,這樣就不好了。

## 皈依戒

接下來,進入皈依戒的正行。皈依了三寶,我們才算正式成為佛教徒,但是首先在心態上,必須具備真切生起想要出離輪迴的厭離心,如果沒有,至少要具備想從輪迴中解脫的心。

然後以信心禮敬三寶,三次,然後蹲踞(又稱胡跪,右膝著地)合掌。

你們跟我學過很多佛法,現在跟我求受皈依戒,所以我就是你們的阿遮利耶[1]。接著你們要跟著我說三次以下的皈依文:

> 「阿遮利耶存念!我某甲始從今日,乃至命存,
> 歸依佛陀兩足中尊,
> 歸依達摩離欲中尊,
> 歸依僧伽諸眾中尊。」[2](念三次)

這時我們的內心將佛陀視為導師,達摩(佛法)視為道法,僧伽視為助伴,然後發起堅定的誓言:乃至命存,也就是今生直

---

1　或阿闍黎,意譯為軌範師。
2　《根本說一切有部百一羯磨》卷1。

到命終之際，我都會將三寶當成自己唯一的救怙和皈依處。

以上是依照聲聞乘的傳戒傳統。

皈依文會要跟著說三次：前兩次說「我某甲」的時候，要說的是自己的名字；第三次的時候，就要換成說出自己皈依的法名，同時說完第三遍的時候，心中要生起「我已得戒」的想法。這時你就已經成為佛教徒了。

在說第二次皈依文的時候，會要為各位剪一小撮頭髮，這時會問你們：「除爾頂髻不？」你們要回答：「除。」[3]由於頭頂是我們身體最高和最乾淨的一個部位，所以將頂髻，也就是頭頂的一小撮頭髮供養出來，代表我們是全心全意的皈依三寶。

前面跟著我說完三次皈依文後，我會說：「踏引挪」[4]，你們要回答：「列娑」[5]。至此傳皈依戒就圓滿了。

## 菩薩戒

接著要傳授菩薩戒。

---

3　《根本說一切有部百一羯磨》卷1。
4　「踏引挪」是藏文 thabs yin no 的音譯，梵文是「奧箄迦」aupayika。有認許、允諾、宜、好、是、方便等義。
5　「列娑」是藏文 legs so 的音譯，梵文是「娑度」（sādhu），譯作善、善哉。

上面給予的是聲聞乘的皈依戒，現在要將它轉變成大乘的皈依戒，方法是什麼呢？就是將皈依文中「始從今日乃至命存」的一生中持有皈依戒的發誓，改為「始從今日乃至菩提」，也就是發誓直至證得菩提佛果前都要持守皈依戒就可以了。因此前者聲聞乘的皈依戒，是在我們死亡的時候可以放下，因為是發誓「乃至命存」，而大乘的皈依戒即使命終也不會捨戒。

傳統上願、行兩種菩提心戒的傳授有兩種方式，一是分別傳授，一是同時傳授，我現在會用後者的方式傳授。願菩提心的意思是：為了利益一切眾生成佛，我發願成就佛果。行菩提心的意思是：透過四攝六度等菩薩萬行去實踐願菩提心。菩薩戒總共有18個戒條，但其中最主要的一條戒就是不可以捨棄眾生。

不捨眾生的意思是什麼？怎麼樣的標準算是捨棄眾生呢？就是例如當你面對到一個眾生，無論對方是你喜歡、不喜歡還是一個陌生的眾生，總之這時你本來有機會利益對方，但是你卻沒有這麼去做，這種情況就是捨棄眾生。因此一般來說，僅僅是對於某人生氣或是起了瞋心，並不算是違犯了嚴重的捨棄眾生的戒。

接著是菩薩戒的儀軌正文，先是「乃至菩提藏」等皈依和正發菩提心的三個偈文。念誦的時候要緣想自己在諸佛菩薩面前得到了菩薩戒。

乃至菩提藏，歸依諸佛陀，亦依正法寶、菩薩諸聖眾。
（皈依）

如昔諸善逝，先發菩薩心，復此循序住，菩薩諸學處。
（願菩提心）

如是為利生，我發菩提心；復於諸學處，次第勤修學。
（行菩提心）[6]

接著念誦「今生吾獲福」等自歡喜和他歡喜的三個偈文。

今生吾獲福，幸得此人身。復生佛家族，喜成如來子。
（自歡喜）

這次各位在殊勝的菩提迦耶，以十方諸佛菩薩為證，得到了
殊勝的菩薩戒，男眾現在就成為了如來子，女眾就已經成為
如來女，這是非常幸運的事情。心中要生起這樣難得殊勝的
想法，鼓勵自己，生起歡喜心。

爾後我當為，宜乎佛族業，慎莫染污此　無垢尊貴種。（自
歡喜）

各位要發誓從今之後，要向守護自己的眼珠一樣的，好好地
守護一切諸佛菩薩共同的道法——菩提心寶，絕對不讓它受

---

6　譯註：藏文沒有收錄全部的偈文，中文版將偈文補全。同樣後面「自他歡喜」部
　　分也一樣補全偈文。

到任何的染污。

今於怙主前，筵眾為上賓，宴饗成佛樂，普願皆歡喜。
（他歡喜）

現在我以諸佛菩薩為證，我在諸佛菩薩的面前發起了菩提心，因此所有一切其他眾生，像是天人、非人等都應該感到歡喜。

以上就是菩薩戒的儀軌，如果真誠地念誦、領受，就能夠同時圓滿的得到願、行菩提心戒。

最後，發清淨願，並將這次領受金剛薩埵灌頂，以及皈依戒和菩薩戒的一切善根，盡皆迴向一切眾生，成就圓滿菩提的果位。

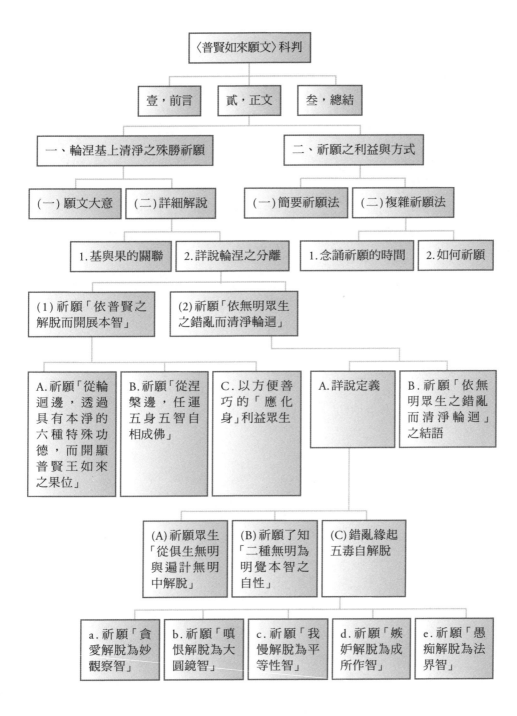

禪修指引32

# 轉心向內，認出本覺

原典作者　普賢如來
釋論作者　慈怙 廣定大司徒仁波切
藏 譯 中　堪布羅卓丹傑
藏文編輯團隊
八蚌影音資料館(顧問/德瑟圖多仁波切)，主編、
聽打校對/堪布慈仁巴滇，校對/阿闍黎耶喜嘎
桑、汪札，助理編輯/噶瑪諾布
發 行 人　孫春華
社　　長　妙融法師
總 編 輯　黃靖雅
執行主編　陳韻如
版面構成　陳自強
封面設計　阿力
發行印務　黃新創

國家圖書館出版品預行編目（CIP）資料

轉心向內，認出本覺/普賢如來原典作；
慈怙 廣定大司徒仁波切釋論作；
堪布羅卓丹傑藏譯中. -- 初版. -- 新北市：
眾生文化出版有限公司, 2023.07
　面；　公分. -- (禪修指引；32)
ISBN 978-626-97102-3-2(平裝)

1.CST: 藏傳佛教 2.CST: 佛教修持

226.965　　　　　　　　　112005596

台灣發行　眾生文化出版有限公司
　　　　　地址：220 新北市板橋區四川路二段16巷3號6樓
　　　　　電話：886-2- 89671025　傳真：886-2- 89671069
　　　　　劃撥帳號：16941166　戶名：眾生文化出版有限公司
　　　　　電子信箱：hy.chung.shen@gmail.com
　　　　　網址：www.hwayue.org.tw
台灣總經銷　紅螞蟻圖書有限公司
　　　　　地址：114 台北市內湖區舊宗路二段121巷19號
　　　　　電話：886-2-2795-3656　　傳真：886-2-2795-4100
　　　　　電子信箱：red0511@ms51.hinet.net
香港經銷點　佛哲書舍
　　　　　地址：九龍旺角洗衣街185號地下
　　　　　電話：852-2391-8143　傳真：852-2391-1002
　　　　　電子信箱：bumw2001@yahoo.com.hk

初版一刷　2023年7月
定　　價　380元
ISBN　978-626-97102-3-2

# 眾生文化出版書目

| 17 | 恰美山居法 4 | 作者：噶瑪恰美仁波切、講述：堪布卡塔仁波切 | 440 元 |
|---|---|---|---|
| 18 | 願惑顯智：岡波巴大師大手印心要 | 作者：岡波巴大師、釋論：林谷祖谷仁波切 | 420 元 |
| 19 | 仁波切説二諦 | 原典：蔣貢康楚羅卓泰耶、釋論：堪布 竹清嘉措仁波切 | 360 元 |
| 20 | 沒事，我有定心丸 | 作者：邱陽・創巴仁波切 | 460 元 |
| 21 | 恰美山居法 5 | 作者：噶瑪恰美仁波切、講述：堪布卡塔仁波切 | 430 元 |
| 22 | 真好，我能放鬆了 | 作者：邱陽・創巴仁波切 | 430 元 |
| 23 | 就是這樣：<br>《了義大手印祈願文》釋論 | 原典：第三世大寶法王噶瑪巴 讓炯多傑、<br>釋論：國師嘉察仁波切 | 360 元 |
| 24 | 不枉女身：<br>佛經中，這些女人是這樣開悟的 | 作者：了覺法師、了塵法師 | 480 元 |
| 25 | 痛快，我有智慧劍 | 作者：邱陽・創巴仁波切 | 430 元 |
| 26 | 心心相印，就是這個！<br>《恆河大手印》心要指引 | 作者：噶千仁波切 | 380 元 |
| 27 | 不怕，我有菩提心 | 作者：邱陽・創巴仁波切 | 390 元 |
| 28 | 恰美山居法 6 | 作者：噶瑪恰美仁波切、講述：堪布卡塔仁波切 | 430 元 |
| 29 | 如是，我能見真實 | 作者：邱陽・創巴仁波切 | 470 元 |
| 30 | 簡單，我有平常心 | 作者：邱陽・創巴仁波切 | 430 元 |
| 31 | 圓滿，我來到起點 | 作者：邱陽・創巴仁波切 | 390 元 |
| 32 | 國王之歌：薩惹哈尊者談大手印禪修 | 原典：薩惹哈尊者、釋論：堪千創古仁波切 | 390 元 |
| 33 | 那洛巴教你：邊工作，邊開悟 | 原典：那洛巴尊者、釋論：堪千創古仁波切 | 390 元 |
| 34 | 明明白白是自心 | 原典：達波札西南嘉、釋論：堪千創古仁波切 | 390 元 |
| 35 | 帝師的禮物—八思巴尊者傳記與教言 | 原典：八思巴尊者、釋論：第 41 任薩迦法王 | 390 元 |
| 36 | 恰美山居法 7 | 作者：噶瑪恰美仁波切、講述：堪布卡塔仁波切 | 430 元 |
| **禪修指引系列** | | | |
| 1 | 你是幸運的 | 作者：詠給・明就仁波切 | 360 元 |
| 2 | 請練習，好嗎？ | 作者：詠給・明就仁波切 | 350 元 |
| 3 | 為什麼看不見 | 作者：堪布竹清嘉措波切 | 360 元 |
| 4 | 動中修行 | 作者：創巴仁波切 | 280 元 |
| 5 | 自由的迷思 | 作者：創巴仁波切 | 340 元 |
| 6 | 座墊上昇起的繁星 | 作者：堪布 竹清嘉措仁波切 | 390 元 |
| 7 | 藏密氣功 | 作者：噶千仁波切 | 360 元 |
| 8 | 長老的禮物 | 作者：堪布 卡塔仁波切 | 380 元 |
| 9 | 醒了就好 | 作者：措尼仁波切 | 420 元 |
| 10 | 覺醒一瞬間 | 作者：措尼仁波切 | 390 元 |
| 11 | 別上鉤 | 作者：佩瑪・丘卓 | 290 元 |
| 12 | 帶自己回家 | 作者：詠給・明就仁波切 ／ 海倫特寇福 | 450 元 |
| 13 | 第一時間 | 作者：舒雅達 | 380 元 |
| 14 | 愛與微細身 | 作者：措尼仁波切 | 399 元 |
| 15 | 禪修的美好時光 | 作者：噶千仁波切 | 390 元 |

| 16 | 鍛鍊智慧身 | 作者：蘿絲泰勒金洲 | 350 元 |
|---|---|---|---|
| 17 | 自心伏藏 | 作者：詠給・明就仁波切 | 290 元 |
| 18 | 行腳：就仁波切努日返鄉紀實 | 作者：詠給・明就仁波切 | 480 元 |
| 19 | 中陰解脫門 | 作者：措尼仁波切 | 360 元 |
| 20 | 當蒲團遇見沙發 | 作者：奈久・威靈斯 | 390 元 |
| 21 | 動中正念 | 作者：邱陽・創巴仁波切 | 380 元 |
| 22 | 菩提心的滋味 | 作者：措尼仁波切 | 350 元 |
| 23 | 老和尚給你兩顆糖 | 作者：堪布卡塔仁波切 | 350 元 |
| 24 | 金剛語：大圓滿瑜伽士的竅訣指引 | 作者：祖古烏金仁波切 | 380 元 |
| 25 | 最富有的人 | 作者：邱陽・創巴仁波切 | 430 元 |
| 26 | 歸零，遇見真實 | 作者：詠給・明就仁波切 | 399 元 |
| 27 | 束縛中的自由 | 作者：阿德仁波切 | 360 元 |
| 28 | 先幸福，再開悟 | 作者：措尼仁波切 | 460 元 |
| 29 | 壯闊菩提路 | 作者：吉噶・康楚仁波切 | 350 元 |
| 30 | 臨終導引 | 作者：噶千仁波切 | 320 元 |
| 31 | 搶救一顆明珠：用一年，還原最珍貴的菩提心 | 作者：耶喜喇嘛、喇嘛梭巴仁波切 | 440 元 |
| 32 | 轉心向內，認出本覺 | 作者：普賢如來、慈怙 廣定大司徒仁波切 | 380 元 |
| **密乘實修系列** | | | |
| 1 | 雪域達摩 | 英譯：大衛默克、喇嘛次仁旺都仁波切 | 440 元 |
| **儀軌實修系列** | | | |
| 1 | 金剛亥母實修法 | 作者：確戒仁波切 | 340 元 |
| 2 | 四加行，請享用 | 作者：確戒仁波切 | 340 元 |
| 3 | 我心即是白度母 | 作者：噶千仁波切 | 399 元 |
| 4 | 虔敬就是大手印 | 原作：第八世噶瑪巴 米覺多傑、講述：堪布 卡塔仁波切 | 340 元 |
| 5 | 第一護法：瑪哈嘎拉 | 作者：確戒仁波切 | 340 元 |
| 6 | 彌陀天法 | 原典：噶瑪恰美仁波切、釋義：堪布 卡塔仁波切 | 440 元 |
| 7 | 藏密臨終寶典 | 作者：東杜法王 | 399 元 |
| 8 | 中陰與破瓦 | 作者：噶千仁波切 | 380 元 |
| 9 | 斷法 | 作者：天噶仁波切 | 350 元 |
| 10 | 噶舉第一本尊：勝樂金剛 | 作者：尼宗赤巴・敦珠確旺 | 350 元 |
| 11 | 上師相應法 | 原典：蔣貢康楚羅卓泰耶、講述：堪布噶瑪拉布 | 350 元 |
| 12 | 除障第一 | 作者：蓮師、秋吉林巴，頂果欽哲法王、祖古烏金仁波切等 | 390 元 |
| 13 | 守護 | 作者：第九世嘉華多康巴 康祖法王 | 380 元 |
| 14 | 空行母事業：證悟之路與利他事業的貴人 | 作者：蓮花生大士、秋吉德千林巴、蔣揚欽哲旺波、祖古・烏金仁波切、鄔金督佳仁波切等 | 390 元 |
| 15 | 無畏面對死亡 | 作者：喇嘛梭巴仁波切 | 480 元 |

| 心靈環保系列 | | | |
|---|---|---|---|
| 1 | 看不見的大象 | 作者：約翰・潘柏璽 | 299 元 |
| 2 | 活哲學 | 作者：朱爾斯伊凡斯 | 450 元 |
| 大圓滿系列 | | | |
| 1 | 虹光身 | 作者：南開諾布法王 | 350 元 |
| 2 | 幻輪瑜伽 | 作者：南開諾布法王 | 480 元 |
| 3 | 無畏獅子吼 | 作者：紐修・堪仁波切 | 430 元 |
| 4 | 看著你的心 | 原典：巴楚仁波切、釋論：堪千 慈囊仁波切 | 350 元 |
| 5 | 椎擊三要 | 作者：噶千仁波切 | 399 元 |
| 6 | 貴人 | 作者：堪布丹巴達吉仁波切 | 380 元 |
| 如法養生系列 | | | |
| 1 | 全心供養的美味 | 作者：陳宥憲 | 430 元 |
| 佛法與活法系列 | | | |
| 2 | 我的未來我決定 | 作者：邱陽・創巴仁波切 | 370 元 |
| 4 | 蓮師在尼泊爾 | 作者：蓮花生大士、拉瑟・洛扎瓦、賈恭・帕秋仁波切 | 390 元 |
| 6 | 薩迦成佛地圖 | 作者：第 41 任薩迦崔津法王 | 370 元 |
| 7 | 蓮師在印度 | 作者：蓮花生大士、拉瑟・洛扎瓦 | 430 元 |
| 不思議圖鑑系列 | | | |
| 1 | 王子翹家後 | 作者：菩提公園 | 360 元 |
| 2 | 福德與神通 | 作者：菩提公園 | 350 元 |